AF619692

V. FRAITOT

Une page d'Histoire du XIXe siècle :

PASTEUR

(L'ŒUVRE — L'HOMME — LE SAVANT)

3e édition.

PARIS
LIBRAIRIE VUIBERT
63, BOULEVARD SAINT-GERMAIN, 63

Statue de Pasteur, à Arbois.

PASTEUR

V. FRAITOT

Une page d'Histoire du XIXe siècle :

PASTEUR

(L'ŒUVRE — L'HOMME — LE SAVANT)

3e édition.

PARIS
LIBRAIRIE VUIBERT
63, Boulevard Saint-Germain, 63

PRÉFACE

Pasteur fut un génie bienfaisant.

A ce titre, il n'a peut-être pas encore, dans l'esprit public, la place qui lui revient.

Ce petit livre, destiné aux jeunes, a pour but de répandre son nom, en faisant un peu plus connaître du grand nombre l'œuvre, l'homme, le savant.

D'autres ont déjà consacré à Pasteur des publications d'un ordre plus relevé. Vallery-Radot, dans un beau livre, *La Vie de Pasteur*[1], lui a élevé un monument, qu'il avait déjà ébauché d'ailleurs dans un premier volume : *M. Pasteur : Histoire d'un savant par un ignorant*[2].

Duclaux, qui fut le disciple, l'ami et le successeur du Maître à l'Institut Pasteur, a publié de son côté un livre d'une belle allure scientifique : *Pasteur : Histoire d'un Esprit*[3].

---

1. Paris, Hachette et Cie, 1900.
2. Paris, Hetzel et Cie, 1883.
3. Sceaux, Charaire et Cie, 1896.

Ce sont des ouvrages que devra lire quiconque aura le désir de connaître tout Pasteur.

L'auteur de cette étude doit beaucoup à ces deux ouvrages, en particulier au livre si documenté et si complet de Vallery-Radot. A ces sources, il convient d'ajouter les comptes rendus des Académies des Sciences et de Médecine, les Annales de Physique et de Chimie, les Bulletins des Sociétés de Médecine vétérinaire, de la Société nationale d'Agriculture de France, des Sociétés d'Agriculture de Melun, de Chartres, l'Institut Pasteur[1], etc...

Une grande leçon morale se dégage de toute étude sur Pasteur : c'est la puissance de l'effort, de la continuité dans l'effort.

Nul mieux que Pasteur n'a justifié le mot si connu de Buffon : « Le génie est une longue patience ».

C'est pourquoi l'auteur dédie plus particulièrement le présent livre à la jeunesse.

---

1. Paris, Narcisse Faucon, 47, rue St-André des Arts.

PASTEUR

PREMIÈRE PARTIE

Son origine.

Louis Pasteur est né en Franche-Comté, à Dôle, le 27 décembre 1822.

Son père, Jean-Joseph Pasteur, ancien sous-officier dans les armées de Napoléon Ier, exerçait la profession de tanneur. Trois ans après la naissance de son fils, il acheta une petite tannerie à Arbois et vint se fixer dans cette ville.

Les ascendants de Pasteur appartenaient à cette classe de serfs qui s'est perpétuée dans le Jura jusqu'à la Révolution. Le grand-père de Pasteur, Claude-Etienne, était serf d'un comte d'Udressier. Il acheta son affranchissement en 1763, par devant notaire, à Salins.

« Le père de Pasteur, dit Vallery-Radot, était peu communicatif, d'un esprit lent et réfléchi, d'un caractère mélancolique, semblant toujours vivre d'une vie intérieure... Sa mère, en même temps que très laborieuse, était femme d'imagination et prompte à l'enthousiasme. »

Ces détails ne sont pas sans intérêt. Nous sommes en effet, dans l'ordre moral comme dans l'ordre physique, les héritiers de nos parents. Quelque chose d'eux persiste en nous : leurs idées, leurs sentiments, leur caractère ont leur répercussion dans notre propre nature. Nous les reproduisons dans une certaine mesure, avec les modifications résultant des circonstances au milieu desquelles se déroule notre propre vie.

Pasteur n'oubliera jamais l'héritage moral que lui avaient légué ses parents. Le 14 juillet 1883, dans une cérémonie au cours de laquelle, à Dôle, on plaçait une plaque commémorative sur la maison où il était né, il adressait aux siens, à leur souvenir, cette touchante invocation :

« Oh ! mon père et ma mère ! Oh ! mes chers disparus, qui avez si modestement vécu dans cette petite maison, c'est à vous que je dois tout ! Tes enthousiasmes, ma vaillante mère, tu les as fait passer en moi. Si j'ai toujours associé la grandeur de la science à la grandeur de la patrie, c'est que j'étais imprégné des sentiments que tu m'avais inspirés. Et toi, mon cher père, dont la vie fut aussi rude que ton rude métier, tu m'as montré ce que peut faire la patience dans les longs efforts. C'est à toi que je dois la ténacité dans le travail quotidien. Non seulement tu avais les qualités persévérantes qui font les vies utiles, mais tu avais aussi l'admiration des grands hommes et des grandes choses. Regarder en haut, apprendre au delà, chercher à s'élever toujours, voilà ce que tu m'as enseigné. Je te vois encore, après ta journée de labeur, lisant le soir quelque récit de bataille d'un de ces livres

Maison de Pasteur, à Arbois.

d'histoire contemporaine qui te rappelaient l'époque glorieuse dont tu avais été témoin. En m'apprenant à lire, tu avais le souci de m'apprendre la grandeur de la France. Soyez bénis l'un et l'autre, mes chers parents, pour ce que vous avez été, et laissez-moi vous reporter aujourd'hui l'hommage fait à cette maison. »

Cette éloquente apostrophe, d'un accent si ému, d'une foi si sincère, n'est-elle pas en même temps une formelle reconnaissance de la loi de l'atavisme ?

Sa jeunesse.

Lorsque l'âge de l'étude fut arrivé, Pasteur fréquenta le collège d'Arbois. Il ne fut tout d'abord qu'un élève moyen, sans ardeur bien marquée au travail, n'ayant de goût bien prononcé que pour le dessin. Pendant le cours de ses études, il fit, par passe-temps, le portrait de beaucoup de gens, parents ou amis, et il était arrivé à manier le crayon avec une certaine habileté.

Son application à l'étude ne se manifesta qu'à dater du moment où il aborda les sciences. Dès lors le principal du collège devina que ce laborieux arriverait. Il lui indiqua comme but l'École Normale supérieure.

Plus tard Pasteur devait avoir pour collègue à l'Académie un mathématicien de grand renom, Bertrand, qui, au contraire de Pasteur, avait été d'une précocité véritablement prodigieuse. A seize ans il était docteur ès sciences. Sans rabaisser ce dernier, qui fut un mathématicien éminent doublé d'un écrivain distingué, on peut du moins faire remarquer combien plus féconde devait être la carrière de Pasteur.

Il y a là matière à réflexion. « La culture hâtive, en effet, dit Herbert Spencer, a lieu au détriment du développement futur. De là cette anomalie assez commune qui nous montre des enfants qui ont été des modèles dès le premier âge subissant, à mesure qu'ils grandissent, un changement en apparence inexplicable et finissant par tomber au-dessous de la moyenne intellectuelle et morale, tandis que les hommes relativement distingués sont souvent le résultat d'une enfance peu riche en espérances. »

En vue de sa préparation à l'École Normale supérieure, Pasteur se résigna à partir pour Paris. Il devint interne à la pension Barbet et suivit les cours du collège Saint-Louis. Mais ce Jurassien, si fortement imprégné de l'arome du pays natal et transplanté un peu à contre-cœur dans un milieu si différent du sien, se laissa gagner par la nostalgie. « Si je respirais seulement l'odeur de la tannerie, disait-il, je sens que je serais guéri. » Averti, son père vint le chercher.

Pasteur fit sa rhétorique à Arbois et alla ensuite au collège royal de Besançon en qualité d'élève de philosophie. Il passa son baccalauréat ès lettres sans éclat et demeura, l'année suivante, comme maître d'études au même collège, avec un modeste traitement de vingt-quatre francs par mois. Pour Pasteur cela représentait déjà une petite aisance ; mais il ne s'y enlisa pas et se remit à songer à l'École Normale supérieure.

Il se trouvait dans les meilleures dispositions d'esprit, et cette énergie de la volonté, cette constance dans l'effort qui devaient être la caractéristi-

Pasteur à 21 ans.

que de son génie s'affirmaient dès cette époque. Il entretenait avec sa famille une correspondance suivie et ne manquait pas d'encourager au travail ses deux sœurs, moins studieuses que lui. On sent que les conseils qu'il leur donne découlent de la règle même qu'il s'est déjà tracée. « C'est beaucoup, mes chères sœurs, que de vouloir, car l'action, le travail, suit toujours la volonté, et presque toujours aussi le travail a pour compagnon le succès. »

Il fut reçu au baccalauréat ès sciences, à Dijon, à la suite d'un examen plutôt terne, et c'est peut-être un des griefs les plus fondés qu'on puisse faire aux examens en général, que de très bons esprits y échouent parfois ou n'y réussissent que péniblement, alors que des médiocres, pourvus de quelque facilité, s'en tirent avec honneur.

Pasteur prit part ensuite au concours d'entrée à l'École Normale et fut classé quatorzième. Mécontent de ce rang, il renonce, bien que reçu, au bénéfice de son examen, revient à Paris, accompagné de son ami Chappuis[1] pour refaire sa préparation, reprend sa place à la pension Barbet et suit de nouveau les cours du collège Saint-Louis. Il assiste en même temps aux leçons du chimiste J.-B. Dumas à la Sorbonne, et entre enfin le quatrième à l'École Normale dans la section des sciences (1843).

Ce succès fut une cause de joie et de légitime orgueil pour la famille. Mais le père restait préoccupé de la santé de son fils pour lequel il redou-

1. Plus tard professeur de philosophie à la Faculté des Lettres de Besançon, puis recteur des Académies de Grenoble et de Dijon.

tait l'excès du travail. « Dites bien à Louis de ne pas tant travailler, écrivait-il à Chappuis. Il n'est pas bon d'avoir toujours l'esprit tendu. Ce n'est pas

Balard.

le moyen de réussir, c'est le moyen de compromettre sa santé. » Cette préoccupation allait, chez le père, jusqu'à admettre éventuellement le renoncement de son fils à ses espérances d'avenir. « Vous êtes, croyez-moi, de pauvres philosophes, écrivait-il une autre fois à Chappuis, si vous ne savez pas que l'on peut être heureux dans une situation modeste de professeur au collège d'Arbois. »

Louis Pasteur, heureusement, avait des visées plus hautes. A l'École Normale, il s'adonna à la chimie. Il eut pour professeurs Balard à l'École et J.-B. Dumas à la Sorbonne. Ce fut un travailleur, il avait déjà la passion des recherches. Il devint agrégé et, grâce à Balard, réussit à rester à l'École comme préparateur (1846). Il devait y trouver plus de facilités pour ses expériences et la préparation de ses thèses de doctorat.

L'œuvre.
Exposé historique.

Cristallographie.

Pendant son séjour à l'École, Pasteur avait été frappé d'une note de Mitscherlich, minéralogiste allemand. Celui-ci annonçait que le tartrate et le paratartrate de soude et d'ammoniaque, avec la même composition chimique, la même forme cristalline et moléculaire, n'agissaient pas de la même manière sur la lumière polarisée.

Cette note allait être pour Pasteur le point de départ d'une série d'études qui devaient le conduire à ses admirables découvertes scientifiques.

Un exposé complet de la question ne saurait trouver place ici, mais il est indispensable d'en donner un aperçu.

La lumière polarisée est la lumière réfléchie dans certaines conditions. L'acide tartrique dévie la lumière polarisée, qui reste au contraire indifférente en face de l'acide paratartrique. Dès le début, Pasteur avait été préoccupé de l'anomalie particulière à ces deux acides.

La note de Mitscherlich déconcertait d'autant plus les savants qu'on ne savait pas produire l'acide paratartrique (appelé aussi acide racémique), que l'industrie allemande tirait en grande partie de Trieste.

Pasteur voulut en avoir le cœur net. « J'irai jusqu'à Trieste, disait-il, j'irai jusqu'au bout du monde : il faut que je découvre la source de l'acide racémique. » Il se mit donc à l'œuvre et remarqua

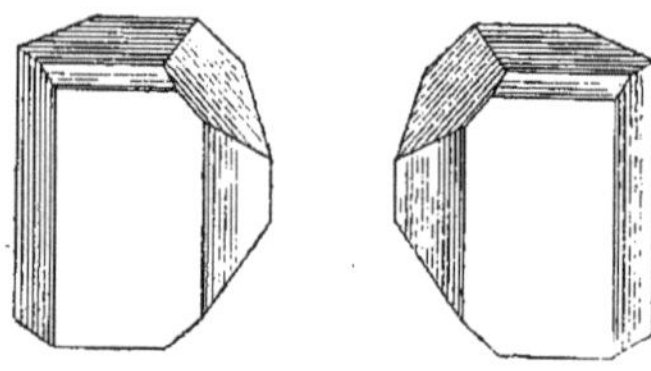

Cristaux d'acides tartriques droit et gauche.

que les cristaux de l'acide tartrique sont hémièdres à droite, ce qui rendait les tartrates dissymétriques, tandis que, dans le paratartrate, les cristaux sont hémièdres les uns à droite et les autres à gauche, d'où la neutralité du paratartrate dans l'appareil de polarisation. Ce fut pour Pasteur une découverte capitale. « Une grande route neuve et imprévue était ouverte à la science », dit-il lui-même. La suite fera mieux comprendre la portée de ces paroles.

Après une pareille découverte, qui témoignait de la fécondité de son esprit, Pasteur eût dû rester à

Paris. Mais l'administration universitaire ne voulut pas transgresser en sa faveur les règles établies, et Pasteur dut accepter la chaire de physique du lycée de Dijon. Le vieux chimiste Biot, qui était devenu comme le parrain scientifique de Pasteur depuis cette découverte, ne cacha pas son indignation : « Ils n'ont pas l'air de se douter, disait-il en parlant des bureaux, que des travaux pareils dominent tout. »

Pasteur ne fit d'ailleurs que passer au lycée de Dijon : le professorat, surtout dans l'enseignement secondaire, est trop absorbant. Le jeune savant avait hâte de se livrer de nouveau à ses études de cristallographie. Il fut nommé professeur suppléant de chimie à la Faculté des Sciences de Strasbourg. C'est là qu'il épousa, à l'âge de vingt-six ans, Mlle Marie Laurent, fille du recteur de l'Académie.

La découverte de Pasteur avait établi que, contrairement à l'affirmation de Mitscherlich, il ne pouvait y avoir dissemblance de caractère optique s'il y avait identité de forme cristalline.

En 1852, après avoir vu Mitscherlich à Paris et en avoir reçu des indications sur la possibilité de trouver l'introuvable acide racémique, il partit pour Leipzig et y travailla dix ou quinze jours dans un laboratoire de l'Université. Dans ses lettres à madame Pasteur, il n'était question, on le suppose bien, que de tartrate et de paratartrate. Il s'adressait d'ailleurs à qui savait le comprendre.

Il revint en France par Prague, sans avoir été à Trieste, et, à force de persévérance, il parvint à réaliser cette chose qu'il croyait impossible : faire de l'acide racémique avec de l'acide tartrique. « Cette découverte a des conséquences incalculables », écrivait-il à son père, toujours confident de ses travaux (1er juin 1853).

La fermentation.

La première grande découverte de Pasteur avait été celle des deux acides tartriques nouveaux. Il montra les relations qui existent entre eux et les deux autres acides tartriques déjà connus, ceux du vin. Il établit ainsi que les quatre acides tartriques ont la même composition, mais sont bien distincts par leur symétrie cristalline, la forme de leurs cristaux et leur action sur la lumière polarisée ; que, de plus, ils sont transformables les uns dans les autres.

Cette découverte fut féconde entre toutes, car elle a décidé du sens dans lequel Pasteur dirigera désormais ses recherches. Elle introduisit dans la science cette idée nouvelle que les molécules chimiques qui agissent sur la lumière polarisée sont dissymétriques, alors que dans l'ordre minéral, les produits sont à plan symétrique.

Pasteur était arrivé à cette conviction que les

êtres organisés produisent seuls des substances ayant une action sur la lumière polarisée.

Or dans la fermentation lactique, il se forme une petite quantité d'alcool amylique qui tourne à gauche la lumière polarisée. Il y a donc dissymétrie, par conséquent cellules vivantes. Cette constatation ne s'accordait nullement avec les théories en vogue, suivant lesquelles les fermentations étaient dues soit à des matières albuminoïdes en voie de décomposition, soit à des actions de contact. C'est ainsi que Pasteur fut amené à s'occuper des fermentations.

On n'avait aucune idée de ce que pouvait être scientifiquement la fermentation, phénomène resté étrange et obscur. La fermentation était-elle l'effet de la décomposition des matières organiques sous l'action de l'oxygène de l'air? Telle était du moins la théorie du chimiste allemand Liebig, généralement adoptée. Elle rejetait l'idée que la fermentation pouvait être produite par un ferment doué de vie.

En 1854, Pasteur était devenu doyen de la Faculté des Sciences de Lille. Sur la demande d'un industriel, il fut amené à s'occuper de fermentation alcoolique. Revenu à l'École Normale comme administrateur en 1857, il put, quoique dans de mauvaises conditions matérielles, se livrer à des recherches et aborder enfin le problème.

D'où viennent les ferments?

Dans une communication de décembre 1858 à l'Académie des Sciences, le directeur du musée d'histoire naturelle de Rouen, Pouchet, déclarait qu'il pouvait faire naître des animalcules dans un milieu privé d'air. C'était l'affirmation de la génération spontanée.

Pasteur dirigea ses recherches dans cette voie. Il commença par constater, au moyen d'expériences de laboratoire, qu'il y a dans l'air des corpuscules

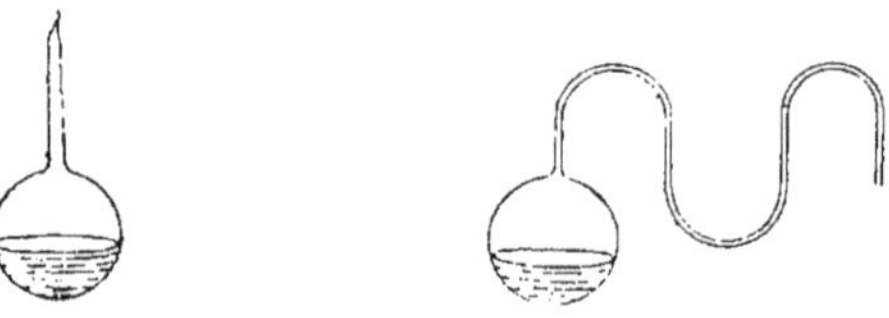

Ballons Pasteur pour conserver les liquides à l'abri de l'air.

organisés. Un liquide putrescible placé à l'abri de l'air reste pur. La mise en contact de ce même liquide avec l'air ou avec des germes provenant de l'air, détermine au contraire la contamination et, par suite, la fermentation.

Pour éviter les objections on substitua au coton qui avait servi à filtrer l'air et qui est matière organique de la bourre d'amiante On prit de l'air dans les caves, sur le mont Poupet (près de Salins), sur la Mer de Glace dans les Alpes: partout l'expérience fut concluante, c'est-à-dire que l'air des couches inférieures est toujours chargé de germes en abondance, tandis que l'air des régions calmes et des grandes altitudes peut être et est souvent dépourvu de corpuscules.

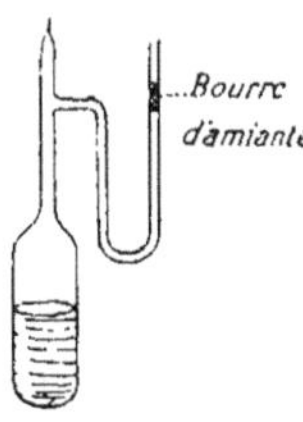

Tube à bourre d'amiante pour arrêter les microbes.

Pasteur rechercha alors si le germe n'était pas de nature animée. Il reconnut précisément la présence du ferment doué de vie dans la fermentation lactique, ainsi qu'on l'a vu plus haut.

Ces animalcules, ces cellules, avaient déjà été remarqués auparavant; mais ce qui avait été jugé purement accidentel et indifférent jusque-là devint pour Pasteur la cause même du phénomène. Poursuivant ses recherches, il découvrit que ces êtres organisés vivants, qui constituent les ferments, peuvent dans certains cas — dans l'acide butyrique, par exemple — vivre et se développer sans air, sans oxygène par conséquent. Il distingua dès lors ces deux catégories différentes de cellules par deux mots d'origine grecque que lui fournit Glachant, professeur à l'École Normale[1]. Les *aérobies* furent les

1. Ou Chassang (?).

cellules qui ne peuvent vivre sans oxygène, sans air, et les *anaérobies*, celles qui, au contraire, vivent sans air.

Poussant plus loin sa découverte, Pasteur reconnut que les aérobies n'avaient pas la même action ou capacité fermentescible que les autres. Les vrais agents de fermentation sont les anaérobies.

Pasteur ne fut pas sans rencontrer des contradicteurs. Si on l'avait chicané à propos de l'hémiédrie, la question des ferments ne pouvait pas ne pas soulever une opposition beaucoup plus acerbe. Les adversaires furent nombreux. En première ligne il faut rappeler le docteur Bouilland et Liebig[1].

Le docteur Bouilland demanda ce que deviennent les ferments lorsque leur œuvre de décomposition est achevée : « Quels sont les ferments des ferments ? » A quoi Pasteur répondit, multipliant les expériences, que les ferments deviennent à leur tour amas de matière organique, donnant lieu aux phénomènes déjà décrits. Dans la masse reparaissent les anaérobies et, à la surface, les aérobies. C'est le mouvement indéfini de la matière organique, dont la décomposition renferme le germe de vie.

C'est la preuve que, même au plus bas de l'é-

1. Les démêlés de Pasteur avec les savants forment la trame même de l'histoire de sa vie scientifique. On les retrouvera dans le cours de cet ouvrage.

chelle des êtres vivants, la vie ne dérive jamais que de la vie.

La génération spontanée.

Si nulle décomposition, nulle fermentation de matière organique n'a lieu que par l'action de germes vivants, que devient la doctrine de la génération spontanée ?

Jusque-là on avait cru que la matière organique en décomposition était susceptible d'engendrer des êtres vivants. Mais la vie, d'après cette théorie, se créait elle-même sans germe. C'était, suivant la définition donnée dans sa thèse par C. Musset, élève de Joly, professeur de physiologie à Toulouse, « c'était non pas une création faite de rien, mais bien la production d'un être organisé nouveau, dénué de parents et dont les éléments primordiaux sont tirés de la matière organique ambiante. »

Pasteur, par ses précédentes études, se trouvait placé en face du problème. Il s'était déjà demandé d'où vient le germe qui provoque la fermentation. En 1858 Pouchet, on l'a vu précédemment, s'était déclaré partisan de la génération spontanée. Il fondait sa conviction sur ses observations personnelles. Pasteur, au contraire, était amené à nier la génération spontanée, qui était une doctrine en quelque sorte officielle, un dogme scientifique.

Entreprendre de détruire ce dogme n'était pas facile et il ne manqua pas de gens pour dissuader Pasteur d'aborder cette étude. Biot et Dumas eux-mêmes essayèrent de l'en détourner.

Pasteur, entraîné par sa foi dans sa méthode, par son irrésistible besoin de ne pas laisser sans solution une question aussi importante, attaqua résolument le problème. Pour lui la théorie de la génération spontanée n'avait que la valeur d'un vieux préjugé : elle n'en serait que plus difficile à déraciner, mais cette considération n'était pas pour le faire reculer.

Il avait proposé à Pouchet de faire une expérience en commun devant l'Académie, qui suivait le débat avec un vif intérêt. Pouchet se déroba.

Alors Pasteur fit à la Sorbonne, devant une salle comble et un auditoire d'élite, une conférence qui devait avoir un retentissement énorme (1864). Il fit voir l'inanité de l'expérience par laquelle Pouchet croyait avoir démontré victorieusement la génération spontanée. Il refit l'expérience dans d'autres conditions, éliminant les causes d'erreur auxquelles Pouchet n'avait pas pris garde. Il arriva ainsi à établir que l'air est bien le véhicule du microorganisme indispensable à toute fermentation, et que la génération spontanée est une chimère, selon sa propre expression. Les expériences de Pasteur furent si décisives et si irréfutables, il triompha d'une façon si éclatante qu'il finit, comme l'a dit

Paul Bert, par « enclouer tous les canons de ses adversaires ».

L'Académie des Sciences décerna à Pasteur le prix qu'elle avait établi, en 1860, en faveur de celui qui jetterait un jour nouveau sur la question des générations spontanées.

Pouchet n'avait d'ailleurs pas abandonné la lutte pour cela. Il proposa une contre-expérience, que Pasteur s'empressa d'accepter ; mais après avoir soulevé maintes difficultés, Pouchet finit par se dérober encore une fois, comme l'avait fait Liebig auparavant, comme le feront encore bien d'autres dans la suite.

La résistance.

Les discussions sur la génération spontanée avaient franchi l'enceinte du laboratoire et des Académies. La question était agitée dans la presse, elle animait les conversations dans les salons, elle avait pris un caractère philosophique et religieux. Edmond About n'avait-il pas écrit, après la conférence de la Sorbonne : « M. Pasteur a prêché en Sorbonne au milieu d'un concert d'applaudissements qui a dû faire plaisir aux anges ».

Pasteur proclamait que la fermentation est un acte vital, que « la vie est le germe, et le germe, la vie », c'est-à-dire, pour emprunter le langage scientifique, que la vie seule est capable de créer de toutes pièces des dissymétries nouvelles. Cette doctrine, qui « parlait dans le même sens que la Bible », remarque Duclaux, contrariait certaines opinions philosophiques fort en vogue. C'était, pour le dire en un mot, une doctrine anti-libérale.

Car enfin si le germe est la vie et si la vie est le germe, d'où vient la première vie? qui a créé le premier germe?

Pour Pasteur, la question était du ressort de la religion et la science n'avait pas à s'en préoccuper. Il voulait bien rechercher les causes secondes, mais non la cause première. Quand on est arrivé aux bornes extrêmes de la science, au seuil de l'inconnaissable, la raison doit faire place au sentiment, car « le cœur a des raisons que la raison ne connaît point ».

Pasteur fut encore obligé, quelques années plus tard, de reprendre la question, mais scientifiquement cette fois. Claude Bernard, auprès duquel il avait toujours trouvé la plus sincère sympathie, qui l'avait encouragé et applaudi, avait, avant de mourir, laissé des notes dans lesquelles il prétendait que la fermentation alcoolique pouvait se produire sans cellule, qu'il n'y avait pas de vie sans air, que l'alcool se formait au moyen d'un ferment soluble, en dehors de la vie. Ces notes n'étaient à la vérité que des notes d'expérimentation et non des résultats en état d'être publiés.

Pasteur se montra très ému de cette manifestation posthume, non imputable à Claude Bernard d'ailleurs : celui-ci n'avait jamais fait d'objection à Pasteur, qui avait toujours eu de la vénération pour

Claude Bernard.

son ancien maître. Par respect pour la mémoire du grand savant, il institua de nouvelles expériences, afin de détruire encore une fois l'erreur qui se dressait devant lui et, comme toujours, il prit pour juge l'Académie. Il se servit du raisin de ses vignes d'Arbois pour obtenir la fermentation alcoolique, et il prouva une fois de plus que les résultats auxquels il était arrivé précédemment étaient sans appel.

Ces résultats étaient que, non seulement toute fermentation est corrélative de vie, mais aussi, conséquence nécessaire et capitale, que chaque ferment est *spécifique*, c'est-à-dire qu'il ne produit, dans les mêmes conditions, que des réactions toujours les mêmes : le ferment lactique fabriquant de l'acide lactique; le ferment butyrique, de l'acide butyrique; le ferment alcoolique, de l'alcool; etc... C'étaient autant de voies nouvelles qui s'ouvraient.

Applications des théories de Pasteur.

LE VINAIGRE

Pasteur ne formulait pas seulement des théories nouvelles; il s'efforçait aussi de tirer de ses expériences des conséquences pratiques. Il porta son attention sur le vinaigre, dont la fabrication était restée routinière et empirique. Il en était de même du reste de la bière et du vin, ainsi qu'on le verra plus loin.

Pour Liebïg, la fermentation d'où provenait le vinaigre tenait à la présence dans le vin de matières de nature albuminoïde ou azotée. Pasteur détruisit cette erreur en montrant que l'acétification résulte du contact de l'air, les aérobies fixant l'oxygène sur l'alcool et le transformant en acide acétique.

Cette démonstration intéressait au plus haut point l'industrie orléanaise. Invité par le maire de la ville à venir faire une conférence (1867) sur les résultats de ses études touchant cette industrie, Pasteur apprit aux intéressés à fabriquer rapidement le vinaigre. Il suffit pour cela de mélanger, dans la proportion de 1 partie pour 3 ou 4, du vinaigre au vin, et d'introduire dans ce mélange une petite quantité de la matière cryptogamique qui se manifeste à la surface du vinaigre en voie de formation. La matière cryptogamique, le mycoderme, est donc le ferment du vinaigre.

Pasteur réalisa une autre amélioration. Il supprima le tonneau-mère servant à la fabrication et dont la mise en train et l'entretien exigeaient du temps et des soins minutieux [1]. A la place fut installée une cuve où se fait le mélange du vin et du vinaigre, auquel on ajoute le mycoderme. La production se trouve augmentée de 85 à 90 pour cent.

Liebig s'éleva contre la théorie pastorienne de l'acétification, comme il s'était élevé antérieurement

1. Tonneau rempli aux deux tiers d'un mélange de vinaigre déjà fabriqué et de vin à acétifier. A la surface du liquide se formait une pellicule mince et fragile, qu'il fallait maintenir intacte : c'est le mycoderme du vinaigre. On ne l'obtenait qu'au prix de grandes difficultés.

contre la théorie générale de la fermentation. Pasteur offrit de refaire ses expériences devant lui avec les substances qu'il aurait lui-même fournies. Liebig se déroba.

LE VIN

A Arbois, Pasteur s'était occupé de chercher un remède préventif aux diverses maladies du vin : la tourne, l'amer, la graisse. On n'était pas fixé sur la nature de ces maladies. Le savaut en attribua la cause à un micro-organisme spécial, à des ferments particuliers à chaque maladie. Pour les détruire, il eut recours au chauffage au bain-marie à 55 ou 60 degrés. Le résultat fut conforme aux prévisions.

Une commission de dégustation fut appelée, en 1865, à se prononcer sur divers échantillons : l'opération fut concluante. Le chauffage, sans altérer le vin, anéantit les organismes microscopiques qui causent la maladie. L'industrie vinicole devait profiter de cette découverte, de même que le commerce d'exportation par mer.

LA BIÈRE

Pasteur fit sur la bière les mêmes études que sur le vin et donna le moyen de préserver la bière des maladies qui, la corrompant rapidement, empêchent sa conservation.

Venu en Auvergne après la guerre pour passer une saison à Royat, Pasteur eut là une excellente occasion de s'occuper de cette boisson fermentée : une brasserie existait près de là, à Chamalières.

Pour la bière comme pour le vin, les procédés de fabrication ne relevaient que de la routine et beaucoup de détails ne se traitaient que par tâtonnements. Pasteur, qui avait réduit à néant la part du hasard dans les fermentations, appliqua sa méthode à la bière, et le résultat fut tel qu'on pouvait l'attendre.

Dès le commencement d'août il faisait envoyer de Chamalières à J.-B. Dumas douze bouteilles de bière traitée selon ses indications : « J'espère, disait-il, que même en la comparant aux bonnes bières des cafés de Paris, vous la trouverez très agréable ».

Cette même année Pasteur alla continuer ses expériences dans une grande brasserie de Londres. Ses constatations, en ce qui concernait les vices de fabrication, eurent un résultat immédiat. La levure fut observée au microscope et l'on fut à même d'en reconnaître la qualité. Dans la brasserie le microscope devint un instrument indispensable. Huit jours après l'intervention de Pasteur, il n'entrait plus dans la fabrication londonnienne que de la levure exempte de micro-organismes nuisibles.

Bertin, sous-directeur à l'École Normale, ami et compatriote de Pasteur, mettait une note de gaîté dans la vie du grand savant. C'était un amateur de bière. Il trouvait et disait, moitié sérieux moitié riant, que la bière du quartier Latin avait encore meilleur goût que la bière traitée scientifiquement. Pasteur essayait de raisonner. « Donne-moi d'abord un bock, disait Bertin, tu m'instruiras ensuite. »

Pasteur mettait à profit l'expérience de Bertin en dégustation pour chercher des perfectionnements. Il analysait des échantillons des bières les plus réputées de Paris et trouvait toutes ces bières détestables sinon pour le goût, du moins comme fabrication. Il alla jusqu'à Tantonville pour confirmer ses observations et il put bientôt poser en principe absolu que toute bière qui ne contient aucun germe doit rester inaltérable.

Pour atteindre ce but il faut, au moyen du microscope, reconnaître la levure et, d'autre part, recourir au chauffage. Ce sont là les procédés de *pasteurisation* qui sont devenus d'usage courant.

Grâce à Pasteur, les bonnes bières françaises sont aujourd'hui au niveau des meilleures bières allemandes et autrichiennes. Mais Pasteur voyait déjà plus loin, et c'est en cela que se révèle son génie : « Ces nouvelles études sur la bière, écrivait-il deux ans après, reposent sur les mêmes principes qui ont servi de guide à mes recherches sur le vin, le vinaigre et la maladie des vers à soie, principes dont la fécondité et les applications sont, à mon avis, sans limites. L'étiologie des maladies contagieuses est peut-être à la veille d'en recevoir une lumière inattendue. « Peut-être », écrivait-il en 1876. « C'est fait », disait-il en 1881[1].

LE VER A SOIE

Pendant un séjour à Arbois au cours duquel Pasteur s'appliquait à trouver un remède préventif aux diverses maladies du vin, J.-B. Dumas lui écrivit de vouloir bien se mettre à la recherche des causes, et par suite, du remède à la maladie des vers à soie.

Dans un rapport au Sénat, Dumas écrivait : « Œufs, vers, chrysalides, papillons, la maladie peut se manifester dans tous les organes. D'où vient-elle ? on l'ignore. Comment s'inocule-t-elle ? on ne le sait. » Qui donc pourrait la reconnaître et la guérir ? Pasteur, se dit-il, en est seul capable, et Dumas lui ouvrit son cœur : « Il faut sauver le pays d'Alais ! » C'était le moment où les résultats déjà acquis de ses recherches sur les ferments offraient à Pasteur une carrière inespérée de succès. C'était le moment où, après les avoir fait sortir de la nuit obscure où ils coexistaient, les infiniment petits lui apparaissaient infiniment grands et redoutables. Pasteur n'hésite pas. Il écrit à Dumas : « Vos bontés pour moi me laisseraient des regrets amers,

1. M. Louis Passy, à la *Société nationale d'Agriculture de France*, 1904.

si je refusais votre pressante invitation. Disposez de moi. »

Depuis une vingtaine d'années la pébrine étendait ses ravages à l'étranger comme en France. Pas-

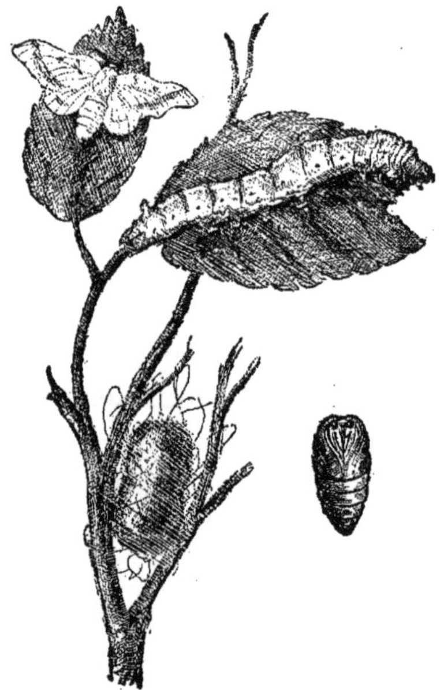

Le ver à soie. En haut : papillon et chenille. En bas : cocon et nymphe extraite de celui-ci.

teur se rendit à Alais, ou mieux à Pont-Gisquet, et se mit à l'œuvre aussitôt. Il observa les taches et les corpuscules qu'il voyait dans les cocons, les papillons et les vers ; il fit des expériences comparatives, sans trop se soucier des résistances ou des impatiences qui se manifestaient autour de lui. Il arriva à cette conclusion que les papillons atteints de la pébrine produisent des œufs, de la graine ou semence d'où sortent infailliblement des vers malades.

Il fit mettre de côté un lot de semence saine sur laquelle devaient porter ses observations au printemps suivant. Lorsqu'il revint, il fut à même de se former cette conviction qu'il n'y avait « pas de maladie actuelle du ver à soie, mais seulement une exagération d'un état de choses qui a toujours existé. »

Comme conclusion, il déclara qu'il ne fallait recueillir que des graines saines, c'est-à-dire issues de papillons non corpusculeux. Cette sélection, faite au moyen du microscope, était à la portée de tous, d'une femme ou même d'un enfant.

Les travaux de Pasteur sur la maladie du ver à soie durèrent cinq ans. Chaque année il revenait à Pont-Gisquet pour se rendre compte des résultats obtenus. Il ne tarda pas à se prononcer d'une façon définitive sur la pébrine. Cette maladie est bien due à des corpuscules; il suffisait, pour y parer, d'éliminer les mauvaises graines.

Toutefois, au cours des dernières expériences, une nouvelle maladie apparut qui causa une vive déception à Pasteur. Il constata, en ce qui concerne la pébrine, que ses conclusions étaient d'une exactitude inattaquable. Mais il fallut se livrer à de nouvelles observations sur la seconde maladie, la flacherie ou mort-flat.

Pasteur finit cependant par en découvrir le micro-organisme dans l'estomac du papillon, après la ponte. Lorsque ce germe existe, il faut sacrifier les œufs.

La pébrine est une maladie endémique qui devait disparaître par la mise en pratique des sages prescriptions de Pasteur. La flacherie est une maladie héréditaire, dont la cause première tient à la présence de germes sur les feuilles de mûrier données en nourriture aux vers.

Pasteur avait rencontré, au cours de sa longue campagne dans le Gard, une opposition qui s'était traduite parfois d'une façon très vive. On alla jusqu'à dire une fois à Lyon qu'il avait dû quitter Alais précipitamment pour ne pas être lapidé. Le fait n'était heureusement pas vrai, mais le bruit qui en avait couru n'en laisse pas moins deviner de quelles hostilités Pasteur se trouvait entouré.

C'est d'ailleurs un sort commun à tous les bienfaiteurs de l'humanité que de voir la malveillance répondre à leurs efforts pour le bien. Pasteur ressentait vivement l'injustice des critiques violentes dont il était l'objet. Peut-être faut-il voir là une des causes de l'attaque de paralysie dont il fut frappé en 1868 et dont par bonheur il se releva au bout de quelques mois, tout en gardant une légère claudication. Mais enfin ses adversaires les plus déclarés dans le Midi, les marchands de graine, durent déposer les armes et la science enregistra une victoire de plus (1869).

Sur la demande du maréchal Vaillant, Pasteur fut invité par l'empereur à se rendre à la Villa Vicentina, en Illyrie, domaine du prince impérial, où l'industrie du ver à soie tenait une place prépondérante. Pasteur emporta trois cents grammes de bonne graine prise à Alais en passant, et, dès la première année, le résultat fut merveilleux. De zéro, le rendement passa à plus de vingt-cinq mille francs. C'était une nouvelle preuve à l'appui de sa découverte, s'il en eût été besoin.

En 1872 la Société nationale d'Agriculture le reçut comme membre et le plaça dans la section des Cultures spéciales, où siège presque toujours un représentant de la sériciculture.

La médecine vétérinaire.

Le moment était venu pour Pasteur de pénétrer dans un nouveau domaine, celui de la médecine. La liaison entre ces nouvelles études et les travaux antérieurs du savant n'apparaît peut-être pas de prime abord. Mais si l'on réfléchit que les maladies infectieuses peuvent être dues à l'action d'un micro-organisme, absolument comme les fermentations, que, dans un cas comme dans l'autre, la décomposition résulte d'un ferment, on saisit aussitôt le rapport entre la fermentation et certaines maladies.

C'est en chimiste que Pasteur va aborder la partie médicale de son œuvre et cette circonstance sera une des raisons de l'opposition qu'il rencontrera auprès des spécialistes de l'art de guérir.

On a vu déjà que tous les pas faits par Pasteur dans le chemin où il s'était engagé avaient été marqués par un obstacle : chaque progrès réalisé avait pour ainsi dire été emporté de haute lutte.

Quand il s'agira pour lui d'aborder la médecine, il se heurtera à des susceptibilités et à des partis-pris plus irréductibles encore, et la lutte, tout en se tenant dans des sphères plus élevées, ne perdra rien pour cela de son acuité.

LE CHARBON

A l'époque où ce récit nous reporte, le charbon ou sang de rate causait de terribles ravages parmi les troupeaux, les troupeaux de moutons en particulier, qui perdaient annuellement jusqu'à vingt pour cent de leur effectif.

Dans certaines provinces, il y avait des pacages particulièrement redoutés ; on les appelait « montagnes maudites, champs maudits ». Beaucoup de moutons y contractaient la terrible maladie. Il en coûtait des centaines de mille francs aux pays éprouvés.

Un médecin, le docteur Davaine, avait découvert depuis longtemps (1850), dans le sang des animaux morts du charbon, de petits corps filiformes, des bâtonnets, qu'il appelait *bactéridies*. Il se demanda

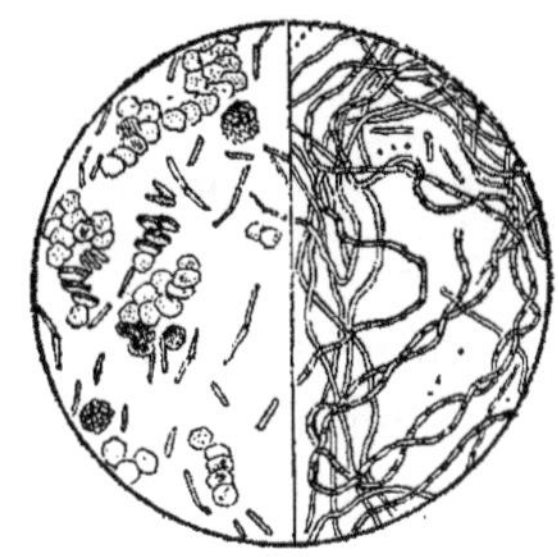

Spores et bacilles du charbon.

si ces corpuscules n'agissaient pas comme ferments et n'étaient pas la cause de la maladie.

Deux professeurs du Val-de-Grâce, Jaillard et Leplat, s'élevaient contre cette théorie. L'inoculation du sang d'un animal mort du charbon à un lapin faisait bien mourir ce dernier, mais dans le sang du lapin ne se retrouvaient pas les bactéridies. Paul Bert lui-même crut pouvoir déclarer, après expériences, que la bactéridie ne donnait pas le charbon.

C'est à ce moment que Pasteur intervint. Il eut recours aux bouillons de culture (liquides appropriés dans lesquels les micro-organismes se conservent et se multiplient), et il put constater que les bâtonnets d'une goutte de sang de rate se reproduisaient indéfiniment dans les cultures successives. Cette même bactéridie, tout en se reproduisant, donne aussi des spores ou germes. Cette dernière constatation est à retenir, la spore jouant un rôle considérable, ainsi qu'on le verra.

Le microbe.

Au milieu des conflits ardents auxquels donnait lieu la question du charbon, le docteur Sédillot, grand partisan de Pasteur, proposa le nom de *microbe* (équivalent d'animalcule) pour désigner les infiniment petits d'ordre pathogénique. Pasteur l'adopta, comme il avait déjà adopté aérobie et anaérobie.

Il est bon de se faire une idée exacte de ces animalcules ou micro-organismes, êtres infiniment petits, si petits qu'il faut les grossir plusieurs centaines de fois avec le microscope pour les apercevoir, et si rapidement féconds que souvent on n'arrive pas à mesurer l'étendue de leur multiplication.

Pasteur était dès lors maître de son sujet. Il était fixé sur la nature du charbon et sur le rôle du microbe dans l'étiologie de cette maladie. Cependant certain phénomène avait échappé un moment à sa sagacité et l'avait déconcerté. C'était l'absence de bactéridies dans le sang des animaux morts du charbon qui avaient servi aux opérations de Jaillard et de Leplat.

Il avait en dernier ressort triomphé de cette difficulté et, avec son esprit de généralisation, il se trouva en état de donner la théorie de la contagion par le microbe. Ce fut l'objet d'une note qu'il rédigea en collaboration avec MM. Joubert et Chamberland et qu'il lut à l'Académie le 30 avril 1878.

Cette note était un véritable manifeste qui rappelait, par son importance scientifique et son éclat, la célèbre conférence de la Sorbonne.

Pasteur y dévoilait le mystère de la contagion.

La contagion est due à l'anaérobie, au corpuscule-germe, qui forme à l'abri de l'air un amas de poussière septique. Cette poussière, devenue libre, est transportée soit par l'air, soit plutôt par les objets auxquels elle s'attache, et redevient, quand le milieu est favorable, ferment, c'est-à-dire agent de putréfaction. Ce corpuscule-germe est le vibrion septique, celui que, dans les expériences de Pouilly-le-Fort[1], le ver de terre ramènera du soussol à la surface, celui qui enfin produisait les « champs maudits ».

Un certain nombre de praticiens, stimulés par les travaux de Pasteur, expérimentaient pour leur propre compte, mais comme ils n'avaient pas la sû-

1. Voir page 42.

reté de main du maître, ni sa foi dans sa méthode, les résultats auxquels ils aboutissaient ne concordaient pas toujours avec ce que Pasteur avait dit.

Un professeur de l'École vétérinaire d'Alfort, Colin, homme de grand mérite, affirma un jour que les poules pouvaient contracter le charbon, contrairement à une assertion antérieure de Pasteur. Celui-ci mit son contradicteur au défi de lui présenter une poule charbonneuse. Colin releva le défi.

Pendant plusieurs mois, chaque fois qu'il rencontrait Pasteur, celui-ci mettait une malicieuse insistance à lui réclamer la poule promise. Colin différait toujours. Enfin il finit par avouer qu'il n'avait pas réussi à inoculer le charbon aux poules. « Eh bien, dit Pasteur, c'est moi qui vous porterai un jour à Alfort une poule charbonneuse. »

Quelque temps après Pasteur faisait à l'Académie la démonstration promise. Il expliqua que les oiseaux ne pouvaient contracter le charbon en raison de leur température, supérieure de quelques degrés à la température du corps de toutes les espèces animales que le charbon peut décimer. Pour réussir, Pasteur avait plongé la partie inférieure du corps de la poule dans un bain froid, de manière à ramener la température de 42 à 37 degrés.

CHOLÉRA DES POULES

En 1880 Pasteur fut amené à s'occuper du choléra des poules. C'est une maladie commune et facile à reconnaître. Pasteur a observé lui-même que « l'animal en proie à cette affection est sans force, chancelant, les ailes tombantes. Les plumes du corps soulevé lui donnent la forme d'une boule ; une somnolence invincible l'accable. »

Le ferment de cette maladie est un microbe particulier appelé microcoque ; il est aérobie. Pasteur trouva le bouillon de culture qui lui est propre, en fit une curieuse expérience et, finalement, se rendit maître de ce virus.

Vaccination.

On avait déjà remarqué que, dans les maladies virulentes, l'immunité résultait ordinairement d'une première atteinte du mal, c'est-à-dire qu'on n'a pas deux fois la variole, la scarlatine ou la diphtérie. N'est-ce point que la maladie préserve elle-même contre une rechute? Et ne pouvait-on pas conférer la même immunité en ayant recours à un virus atténué, c'est-à-dire non susceptible de donner la mort? Il y avait déjà, il est vrai, la vaccination contre la variole ; mais on ne s'était jamais rendu scientifiquement compte de la façon dont agissait le vaccin.

En s'occupant du choléra des poules, Pasteur avait remarqué, au moyen d'une vieille culture oubliée, mais bonne encore pour l'ensemencement, qu'on pouvait inoculer des poules sans leur donner la mort, ce qui n'arrivait pas avec des cultures fraîches.

Il avait remarqué aussi que, dans les inoculations expérimentales, la mortalité était en proportion inverse de l'âge de la culture, c'est-à-dire de l'atténuation obtenue. En d'autres termes, plus la culture vieillissait, moins son action était énergique.

On était sur la voie de la vaccination, des virus-vaccins. L'atténuation ainsi obtenue est artificielle : c'est le virus modifié par l'oxygène de l'air, qui affaiblit et éteint la virulence, tandis que la même culture, mise en tube fermé, reste virulente. Ce qui revient à dire que les aérobies eux-mêmes sont tués par l'oxygène en excès. Cet oxygène, qui va les brûler partiellement, si on le donne en doses ménagées et pendant un temps suffisant, affaiblira peu à peu, c'est-à-dire atténuera le virus, qui deviendra ainsi un vaccin. Telle est la genèse du vaccin du choléra des poules.

Mais il n'en allait pas de même pour la bactéridie, le virus charbonneux, que l'air atmosphérique n'influence pas. Pasteur arriva néanmoins à l'atténuation par un réglage de température : à 45 degrés plus de cultures, à 42 ou 43, cultures possibles, mais sans formation de spores.

 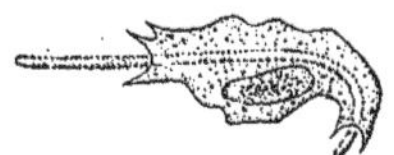 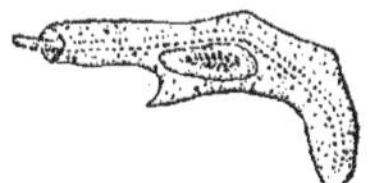

Globule blanc dévorant une bactéridie du charbon (d'après Metchnikoff).

Cette découverte, pressentie par Toussaint et Chauveau, causa une vive émotion à Pasteur. Il fit

Metchnikoff.

une communication à l'Académie de Médecine au sujet du vaccin du charbon. Il montrait qu'au moyen des procédés d'atténuation on pouvait obtenir toute une gamme de vaccins appropriés aux différentes espèces, du cobaye au cheval par exemple.

Quelle est donc la théorie de l'immunisation ? Le docteur russe Metchnikoff l'a expliquée plus tard, en révélant le rôle des globules blancs du sang appelés leucocytes. Le *leucocyte* englobe parfois le microbe et le digère ; il annihile le germe pathogène, il devient ainsi *phagocyte*.

Parfois aussi le leucocyte succombe dans la lutte : alors l'organisme est envahi. Mais quand le leucocyte triomphe, l'organisme est en quelque sorte habitué aux toxines du microbe : de là, pour l'animal, la force de résistance, c'est-à-dire l'immunité.

Expériences de Pouilly-le-Fort.

Un vétérinaire de Melun, Rossignol, rédacteur à « la Presse Vétérinaire », s'était montré quelque peu sceptique jusque-là au sujet de la nouvelle doctrine des microbes, que, comme beaucoup d'autres, il appelait la microbiâtrie. Mais Rossignol, d'origine bourguignonne, avait du Bourguignon l'esprit attentif et le sens pratique ; il était capable de s'aviser et aussi de se raviser. Aussi, quand il avait adopté une idée, son adhésion pouvait aller jusqu'à l'enthousiasme.

En parlant de microbiâtrie, Rossignol avait sans

doute sacrifié à la mode. Il avait aussi obéi à ce premier mouvement de résistance qu'il faut attendre de tout professionnel, quand on le place

Rossignol.

en face d'une idée nouvelle qui dérange toute sa technique.

Mais à peine Pasteur eut-il fait sa communication à l'Académie, que Rossignol eut l'idée d'instituer des expériences en grand pour vérifier la nouvelle théorie de la vaccination charbonneuse. La Société d'Agriculture de Melun couvrit cette initiative de son patronage. La Brie, en effet, de même que la Beauce, payait un large tribut à la terrible maladie.

Le président de la Société d'Agriculture, le baron de la Rochette, alla faire une proposition d'expériences au grand savant, qui accepta et traça lui-même le programme: — lot de 60 moutons; —

Ferme de Pouilly-le-Fort
(ancien manoir d'Isabeau de Bavière).

25 subiront à intervalle deux inoculations de virus atténué (devant conférer l'immunité); — 25 resteront intacts. — Ensuite: inoculation virulente aux 50 moutons (les 25 vaccinés préventivement, c'est-à-dire immunisés devaient rester indemnes; les 25 non immunisés devaient périr). 10 moutons étaient

réservés comme témoins. Venait enfin la question de l'enfouissement : enclos palissadé dans lequel seront enfouis les moutons morts et où seront parqués, l'année suivante, des moutons immunisés et des moutons neufs : ceux-ci devaient mourir du charbon en raison du contage par le sol, tandis que les immunisés résisteraient. Dans un enclos voisin où il n'y aurait pas eu d'enfouissement, d'autres moutons, neufs également, resteraient indemnes. Le baron de la Rochette fit adjoindre 10 vaches à l'expérience.

Le 5 mai 1881, il y avait grande affluence à la ferme de Pouilly-le-Fort, propriété de Rossignol, près de Melun. Les expériences eurent lieu conformément au programme arrêté. La première inoculation faite, Pasteur fut prié de prendre la parole séance tenante. Devant un auditoire attentif et intéressé, il improvisa, sur l'objet même de la réunion, une causerie qui frappa vivement les esprits.

Le 17 mai eut lieu la deuxième inoculation de virus atténué. Pasteur était plein de confiance. Si le succès est tel que je l'attends, écrivait-il à son gendre, « ce sera un des plus beaux faits de science et d'application de ce siècle, consacrant une des plus grandes et des plus fécondes découvertes ».

Le 31 mai, vingt-six jours après la première inoculation, on pratiqua l'injection virulente, au milieu d'une assistance nombreuse. Beaucoup demeuraient encore incrédules, défiants, même hostiles. Dans un groupe, le matin, à Melun, on était allé jusqu'à « boire au fiasco de Pasteur ». On se demande qui pouvait avoir intérêt à ce « fiasco ». A voir cette violence de passion aveugle et stupide dans le domaine de la science, on ne doit pas être surpris des animosités et des haines qui se déchaînent sur d'autres terrains.

Le 1er juin fut une journée d'observation et d'attente. Toutefois, le soir, Rossignol avait télégraphié qu'une des brebis qui avaient été préventivement vaccinées paraissait malade. Ce fut une nuit de vive anxiété pour Pasteur. Mais le lendemain arrivait la dépêche triomphante : tous les animaux qui n'avaient pas été immunisés devaient succomber dans la journée. Les autres restaient sains et saufs. « Succès épatant ! » ajoutait Rossignol en terminant sa dépêche. « La joie était au laboratoire », disait Pasteur lui-même. Celui-ci arriva à 2 heures à Pouilly-le-Fort ; il fut accueilli par des ovations chaleureuses : c'était un enthousiasme indescriptible.

Après le succès.

Cependant le gouvernement ne restait pas indifférent : il offrit à Pasteur le grand cordon de la Légion d'honneur. Pasteur accepta, mais à la condition que ses deux collaborateurs, Roux et Chamberland, seraient décorés. Mme Pasteur pouvait

Rossignol vaccinant un mouton.

bientôt écrire : « Grandeau vient d'annoncer au laboratoire que Roux et Chamberland sont décorés et que Pasteur est grand-cordon. On s'est embrassé cordialement au milieu des cochons d'Inde et des lapins. »

La Société d'Agriculture de Melun, qui avait fourni à Pasteur le moyen de remporter cette belle victoire, qui avait par conséquent été à la peine, voulut être aussi à l'honneur. Cet honneur pour elle consista dans la remise solennelle d'une médaille d'or au grand savant. La cérémonie eut lieu dans la grande salle du Musée de Melun. Le baron de la Rochette célébra comme il convenait les travaux de Pasteur. Celui-ci répondit en se félicitant de la distinction dont il était l'objet : « Cette médaille, je la transmettrai à mes enfants comme un témoignage toujours présent de ce que peuvent le travail et la persévérance dans l'effort. La persévérance dans l'effort vers un noble but, voilà le secret du succès, parce qu'en demeurant longtemps dans les choses, on acquiert une sorte d'instinct du vrai. » Il continua en remerciant de son généreux concours Rossignol, « un des vétérinaires de France les plus distingués », et en présentant un tableau des résultats déjà obtenus dans la région par les vaccinations de juillet, août et septembre. Dans ces trois mois, la vaccination avait préservé quatre cents moutons.

Cette séance fut suivie d'un banquet où les toasts furent nombreux, il n'est pas besoin de le dire. Bouley, membre de l'Institut et Inspecteur général des Écoles vétérinaires[1], qui savait être spirituel à

1. Bouley a été pour Pasteur un partisan et un auxiliaire si plein de

l'occasion, commença ainsi : « Messieurs, je suis tenté de m'écrier, comme au troisième acte de Lucrèce Borgia : — Vous êtes tous empoisonnés!.....

Bouley.

Ah! fait-on autour de lui. — En effet, reprend-il

foi et d'enthousiasme qu'on ne saurait séparer son souvenir de celui du Maître. « Bouley était ardent et séduisant, a dit de lui M. Louis Passy (*Bulletin des séances de la Société nationale d'Agriculture de France*, nº 11, 1904) ; il était orateur, il était écrivain. L'un était égal à l'autre. Quand il parlait, il faisait briller la vivacité de son esprit ; mais quand il professait, il faisait peser sur ses auditeurs le poids de ses convictions. Pendant quarante ans il fut un des maîtres de la presse scientifique : il devint le serviteur des doctrines pastoriennes. »

si vous voulez bien jeter les yeux sur ce menu, vous y remarquerez ce plat redoutable : selle de mouton inoculé, à la Montmorency. »

Pasteur, toujours grave, toujours préoccupé de ses travaux, avait dit : « L'initiative que vous avez prise l'an dernier pour combattre le charbon a la fécondité de tout ce qui est vrai. Qui sait si nous-mêmes nous ne viendrons pas, encouragés par votre bienveillance, solliciter un jour votre jugement pour la prophylaxie de la rage ou d'autres maladies ! Résoudre ces questions est peut-être au-dessus des forces dans l'état actuel de la science. Qu'importe ! Aux grandes difficultés il faut opposer les longs espoirs. Si la joie est dans le succès, la vertu est dans l'effort. »

Pasteur devait encore s'associer aux tentatives faites par Rossignol, avec le concours de la Société d'Agriculture, pour arriver à la vaccination de la péripneumonie chez les animaux, et pour rechercher si l'immunité du vaccin charbonneux est transmissible de la mère au fœtus.

Quant aux moutons parqués l'année suivante dans l'enclos dont le sous-sol avait reçu les cadavres des moutons morts du charbon à la suite des expériences de 1881, ils se comportèrent exactement comme Pasteur l'avait prévu. Les moutons immunisés furent indemnes, les moutons neufs moururent du charbon, et les moutons témoins, dans un enclos voisin non souillé, restèrent bien portants.

En trois mois, après les expériences de Pouilly-le-Fort dénommé désormais le Clos-Pasteur, on avait vacciné 32550 moutons et un grand nombre de bœufs, de vaches et de chevaux : 25100 avaient été laissés comme témoins. Les résultats obtenus à Pouilly-le-Fort furent confirmés dans la pratique.

Enfin il faut ajouter que la vaccination charbonneuse a, la première, répandu dans le public la foi dans la science des microbes.

Les expériences de Pouilly-le-Fort avaient eu en France un retentissement bien compréhensible ; elles avaient provoqué une explosion d'enthousiasme. Dès le lendemain on venait proposer à Pasteur de partir pour Le Cap, afin d'y étudier une maladie contagieuse qui sévissait sur les chèvres. Pasteur se montrait disposé à y aller. Il avait l'intention de recueillir en passant, au Sénégal, quelques germes de fièvre pernicieuse. Mais il fut retenu par sa famille, qui trouvait que le grand savant avait de quoi s'occuper en France.

Cependant les adversaires ne se rendaient pas encore. On admettait le succès de Pouilly-le-Fort à titre d'expérience de laboratoire, c'est-à-dire à titre d'expérience faite avec un virus préparé. Mais qu'arriverait-il si l'on inoculait du sang pris sur l'animal charbonneux après sa mort ?

Ce qui arriverait ?

Pasteur le fit voir dans des expériences qui eurent lieu près de Chartres. Le succès fut le même qu'à Melun. « C'est un hosanna poussé par tout le monde en votre honneur », lui écrivait Bouley.

LE DOCTEUR KOCH

Les théories de Pasteur sur le virus et son atténuation trouvaient des contradicteurs au dehors, notamment à Berlin. A la tête de ces derniers était le docteur Koch. Pasteur, qui recherchait la lutte quand il s'agissait de défendre ses découvertes, de faire éclater la vérité, proposa à l'École vétérinaire de Berlin de faire des expériences devant une commission nommée par le gouvernement allemand. Cette commission fut en effet constituée avec Virchow comme président, et Thuillier, muni de tubes, se rendit à Berlin.

Sur ces entrefaites la ville de Genève invita Pasteur à assister à un congrès scientifique ; une séance devait lui être réservée pour faire une communication sur ses travaux. Pasteur accepta.

Au congrès il s'efforça de faire surgir des contradicteurs. « Permettez-moi, dit-il, de choisir parmi eux celui dont le mérite personnel a le plus de droits à votre attention : je veux parler du docteur Koch, de Berlin » (5 septembre 1882).

Koch déclina toute discussion, disant qu'il se réservait de répondre plus tard par écrit. Koch répondit en effet plus tard ; il acceptait l'atténuation du virus, mais il doutait toujours des résultats pratiques de la vaccination préventive.

Pasteur répondit par des faits, en s'appuyant notamment sur un rapport de Boutet à la Société agricole et vétérinaire de Chartres, d'après lequel les résultats de la vaccination ne pouvaient plus laisser aucun doute. Quant aux autres objections de Koch, Pasteur y répondit aussi, non sans âpreté, en exprimant son entière confiance dans le succès.

INCIDENT DE TURIN

En 1882 s'était produit un incident à Turin.

Des professeurs de l'École vétérinaire de cette ville avaient inoculé des moutons en se servant du sang d'un animal mort du charbon depuis plus de vingt-quatre heures. Tous les moutons inoculés étaient morts, bien qu'ils eussent été préalablement immunisés. Les Turinois firent grand bruit de l'incident.

Pasteur, dans une lettre qu'il communiqua à l'Académie, essaya de faire comprendre aux Turinois la faute scientifique qu'ils avaient commise : il leur proposa même d'aller à Turin pour la leur faire toucher du doigt. Les Turinois se dérobèrent.

Pasteur expliqua leur échec dans une séance de la Société d'Agriculture de Melun, le 23 juin de la même année.

« Si l'expérimentateur ne s'entoure pas de toutes les précautions, dit-il, il s'expose à des mécomptes. Je n'en veux pour preuve que ce qui vient de se passer à l'École de Turin. Tout dernièrement plusieurs professeurs de cette École ont voulu procéder à des expériences sur la vaccination charbonneuse et celles-ci n'ont pas réussi. La première et la deuxième vaccinations se sont faites sans le moindre accident; mais à l'inoculation de contrôle qui se pratique avec du virus très virulent, des vaccinés et des non vac-

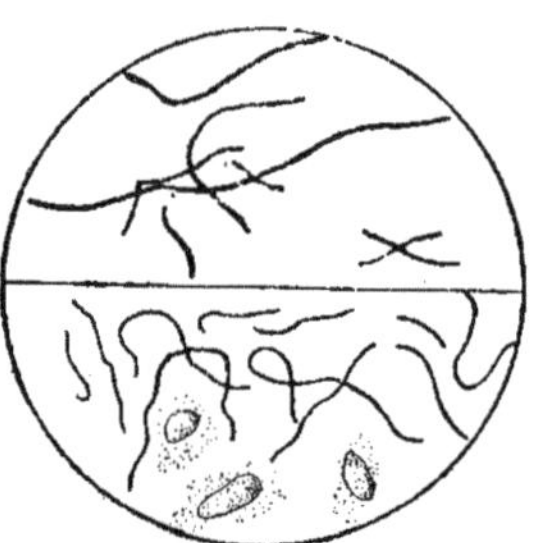

Microbe de la septicémie.

cinés sont morts des suites de cette inoculation. Ce cas a fait grand bruit... Les professeurs de l'École de Turin ignoraient un point capital qui est celui-ci : — Quand un animal meurt du charbon, son sang est plein de bactéridies, uniquement de bactéridies. Vient-on à inoculer ce sang 1 heure, 2, 3, 4, 5 heures et même 15 heures après la mort, il est toujours charbonneux, il ne donne asile à aucun autre élément morbide. On l'inocule : on a le charbon. Mais 20 heures après la mort, ce sang se modifie, il devient septique et charbonneux, renferme par conséquent les germes de deux maladies bien distinctes. En inoculant ce sang on donne donc simultanément deux maladies : la septicémie et le charbon ; mais comme la septicémie agit encore d'une façon plus foudroyante que le charbon, l'animal meurt de septicémie.

A Turin, l'animal destiné à fournir la matière vi-

Les bienfaits rendus par Pasteur à l'Agriculture.
(bas-relief du monument de Pasteur, à Arbois.)

rulente meurt le 22 mars au matin et il n'est ouvert que le 23 dans l'après-midi, par conséquent plus de 24 heures après la mort. Il n'y a donc pas lieu de s'étonner si les vaccinés n'ont pas été plus préservés que les témoins. »

On peut, en conséquence, distinguer deux espèces de charbon, le charbon symptomatique et la fièvre charbonneuse. C'est le vibrion septique qui avait fait mourir les moutons de Turin, comme ceux de Jaillard et Leplat, et aussi de Paul Bert. Il s'agit ici du vibrion de la septicémie ou bactérie septique. Cette bactérie habite perpétuellement l'intestin des herbivores ; elle pullule sur les cadavres, se développe, et les lésions qu'elle détermine ressemblent à celles de la fièvre charbonneuse.

Pasteur, comme on l'a vu, avait achevé sa victoire par les expériences de Pouilly-le-Fort et de Chartres. Mais ce qu'on pourrait appeler la science officielle ne se rendait pas encore complètement.

A l'Académie de Médecine, Peter et Fauvel avaient recommencé la lutte. Bouley défendit Pasteur avec vigueur : « Quand je vois la science faire de pareilles conquêtes, s'écria-t-il, je m'incline plein de respect et d'admiration devant l'homme à qui la science en est redevable, et si c'est là du fétichisme, de l'idolâtrie, je ne crains pas de dire que je suis idolâtre. »

Pendant que l'Académie discutait toujours la méthode pastorienne, les villes de France, dans les régions agricoles, témoignaient leur reconnaissance au grand savant. Telle est, entre autres, la ville d'Aurillac, où les médecins tinrent à honneur d'accueillir et de fêter Pasteur, qu'ils appelèrent « le bienfaiteur de l'humanité. »

LE ROUGET DU PORC

De retour à Paris après le congrès de Genève, Pasteur avait été invité à s'occuper du rouget, maladie du porc, qui désolait alors la région de Bollène, dans le Vaucluse.

Pasteur s'y transporta avec son jeune collaborateur Thuillier. Il multiplia les études et les expériences : « Envoie-moi, disait-il, dans une lettre à Mme Pasteur, envoie-moi mille francs. Il ne me reste plus que trois cents francs des seize cents que j'ai apportés. Les porcs coûtent cher et nous en tuons beaucoup ».

Dans une note qu'il envoyait en même temps à J.-B. Dumas pour l'Académie, il annonçait qu'il pourrait vacciner à coup sûr contre le rouget dès le printemps suivant.

Pasteur et la médecine.

« Je ne suis, disait souvent Pasteur, non sans une pointe de regret, ni médecin ni vétérinaire. » Aussi ressentit-il quelque défiance de lui-même et éprouva-t-il quelque hésitation quand il s'agit pour lui de venir aux choses de la médecine. Néanmoins, le mouvement qu'il avait provoqué l'entraîna, malgré qu'il en eût, entraînement d'autant plus facile d'ailleurs qu'il se sentait attiré.

Traube en Allemagne, Lister en Angleterre, s'inspiraient déjà des théories pastoriennes sur le microbe.

Mais la médecine, dans son ensemble, était restée empirique, c'est-à-dire qu'elle s'en rapportait à la routine ou au hasard. Elle reconnaissait au besoin son impuissance et consentait parfois à la déplorer. Elle était toutefois bien persuadée que nul n'était en état de lui en remontrer. Elle dédaignait la science et n'était pas d'humeur à permettre à un homme de science de lui faire la leçon. Elle traitait de haut les savants, les chimistes en particulier, et même les physiologistes.

On en était toujours à la diathèse, c'est-à-dire que l'on croyait en tout et pour tout à la disposition de l'individu à être affecté de telle ou telle maladie. On n'admettait pas la spécificité, qui rattache la maladie à son microbe, le microbe, comme le ferment étant spécifique[1]. A chaque maladie infectieuse correspond un virus spécial. La maladie virulente n'est pas spontanée : elle vient du dehors et, par conséquent, la contagion peut être évitée. C'est là un fait capital, mais qui ne fut pas admis sans résistance.

Pidoux, un des porte-parole du corps médical, un de ceux qui en personnifiait le mieux l'esprit, se montrait scandalisé des idées nouvelles : « Est-ce qu'on allait, avec la spécificité, enrayer le progrès de la médecine ! Est-ce que les médecins allaient être condamnés à découvrir des vaccins, au lieu de

1. Voir page 24.

rechercher les causes de la dégénérescence de l'organisme suivant l'étiologie commune ! »

Découvrir des vaccins, quelle déchéance !

A l'époque où Davaine, mis en éveil par les travaux de Pasteur, cherchait à faire un rapprochement entre les ferments et les bactéridies, la lutte s'aviva. La médecine se montra hautaine à l'égard du laboratoire.

Pasteur venait d'entrer à l'Académie de Médecine en 1873. Harcelé, comme on peut le penser, il se défendait avec une vigueur extrême. « La meilleure preuve qu'un observateur est dans la vérité, disait-il, c'est la fécondité ininterrompue de ses travaux. » Et Pasteur pouvait en effet rattacher les études nouvelles auxquelles il allait se livrer sur la médecine à ses travaux antérieurs. « Que d'enseignements pour la médecine humaine, a écrit le docteur Roux, dans l'étude sur la maladie des vers à soie ! »

La chirurgie.

Les opérations chirurgicales pratiquées à cette époque, effectuées même dans les meilleures conditions, étaient redoutables par leurs suites. On en était arrivé à dire que la laparotomie, par exemple, devait être rangée dans les attributions de l'exécuteur des hautes œuvres. L'anesthésie, déjà pratiquée, n'y faisait rien. Les conséquences d'un coup de bistouri dans un abcès pouvaient être si graves que les médecins reculaient souvent. « L'infection purulente, disait le docteur Reclus, était devenue pour nous une maladie fatale, nécessaire, attachée par un décret divin à tout acte chirurgical important ». Les médecins en étaient venus à se demander s'ils ne portaient pas la mort avec eux.

Le spectacle qu'offraient les salles d'hôpital était lamentable. La mortalité à la suite d'amputation dépassait 60 pour 100. Le docteur Sédillot, ancien directeur du service de santé militaire à Strasbourg, retraité, chirurgien volontaire à l'ambulance de Haguenau pendant la guerre, avait été effrayé de la mortalité énorme parmi les blessés, et, dans une lettre à l'Académie de Médecine, dont il était membre, il appelait la sollicitude de ses confrères sur le problème de la pourriture d'hôpital. « Celui qui triompherait de l'infection purulente, déclarait Nélaton, mériterait une statue d'or. »

On disait couramment qu'on ne meurt pas de l'opération, mais des suites. « Plus d'indications précises, faisait Verneuil à son tour, plus de prévisions rationnelles : abstention, conservation, mutilation restreinte ou radicale, débridement préventif ou consécutif, extraction précoce ou retardée des projectiles ou des esquilles, pansements rares ou fréquents, émollients ou excitants, secs ou humides, avec ou sans drainage : rien ne réussissait. » Le docteur Denonvilliers en était venu à dire à ses élèves : « Quand vous aurez à faire une opération, regardez-y à dix fois, car si nous décidons d'une opération, trop souvent nous signons un arrêt de mort. »

Adolphe Guérin, s'inspirant de la théorie pastorienne des germes en suspension dans l'air, imagina le pansement à la ouate pour filtrer l'air. Invité par Guérin, Pasteur alla se rendre compte des résultats à l'hôpital Saint-Louis. En même temps Lister lui écrivait d'Edimbourg pour le mettre au courant des résultats obtenus par la méthode antiseptique qu'il pratiquait. Ces résultats étaient de tout point satisfaisants.

A l'Académie.

A l'Académie de Médecine on discutait. Un jour qu'un médecin exposait ce qui lui paraissait être l'étiologie de la fièvre puerpérale et qu'il énumérait les causes de cette maladie, Pasteur s'écria : « Ce qui cause l'épidémie, ce n'est rien de tout cela : c'est la médecine et son personnel qui transportent le microbe d'une femme malade à une femme saine ! » L'attaque était brutale et le coup droit. Le préopinant prétendit qu'on ne trouverait jamais ce microbe. Pasteur bondit alors au tableau noir et dessina le ferment en disant : « Tenez, voici sa figure ! » Là encore le remède devait consister à combattre le vibrion septique en pratiquant l'antisepsie.

Les médecins, les chirurgiens, embusqués dans leurs habitudes, subissant malgré tout la tyrannie de l'éducation médicale qu'ils avaient reçue, résistaient toujours. « Je les ferai bien marcher, disait Pasteur. Il faudra coûte que coûte qu'ils y viennent. »

L'Académie fut encore, en 1883, le théâtre d'un grand débat de même nature. Il s'agissait de la fièvre typhoïde traitée par les bains froids, suivant une méthode employée en Allemagne. La discussion s'élargit bientôt et ce fut encore la chimiâtrie qui en fit les frais. Le docteur Peter se signala par un ton ironique qui dissimulait mal sa véhémence ordinaire. M. Vallery-Radot a fait de cette séance un récit intéressant qu'on retrouvera en partie dans les lignes qui suivent : « Je ne crois guère, disait Peter, à cette invasion de parasites qui nous menace comme une onzième plaie d'Egypte. » Prenant alors à partie les savants teintés de médecine, les chimiâtres, comme il les appelait : « Ils en sont arrivés, disait-il, à ne voir dans les fièvres typhoïdes que la fièvre typhoïde, dans la fièvre typhoïde que la fièvre, dans la fièvre que la chaleur. Ils en sont venus ainsi à cette idée lumineuse de combattre le chaud par le froid. Cet organisme est en feu, il n'y a qu'à jeter de l'eau dessus : c'est une doctrine de pompier ! » Il y a assurément beaucoup de verve dans cette diatribe ; mais ce n'était là après tout qu'une phrase à effet, comme on en entendait quelquefois dans la docte Académie. Mais l'homme qui contribuait le plus alors à répandre les théories nouvelles, Bouley, trouva qu'il était temps d'introduire dans le débat certaines idées sur les grands problèmes poursuivis en médecine depuis la découverte de ce qui peut être appelé, disait-il, un nouveau règne de la nature, le règne de la microbie.

Dans son exposé, il résumait à grands traits le rôle des infiniment petits, leur activité pour produire les phénomènes de fermentation et de maladie. Il montrait, par les travaux parallèles de Pasteur et de Davaine d'une part, de Chauveau de l'autre, que la contagion est fonction d'un élément vivant.

« C'est surtout à l'endroit de la prophylaxie des maladies virulentes, disait-il, que la doctrine microbienne a donné les résultats les plus merveilleux. S'emparer des virus les plus mortels, les soumettre à une culture méthodique, faire agir sur eux des agents modificateurs dans une mesure calculée, et réussir ainsi à les atténuer à des degrés divers, de manière à faire servir leur force réduite, mais encore efficace, à transmettre une maladie bienfaisante à la suite de laquelle l'immunité est acquise contre la maladie mortelle, quel rêve ! Et ce rêve, M. Pasteur en a fait une réalité. »

La rage.

A partir de 1880 Pasteur s'était mis à l'étude de la rage, maladie qui impressionnait vivement les imaginations. La rage peut se communiquer des animaux à l'homme, chez qui elle se manifeste avec un caractère particulier qui lui a fait donner le nom d'hydrophobie (horreur de l'eau).

Au laboratoire, les études de Pasteur portèrent sur la salive ou bave des chiens atteints. On y découvrit un microbe qui, inoculé à des lapins, les faisait périr en trente-six heures. Mais était-ce bien le microbe de la rage? Pasteur eut des raisons d'en douter.

D'après les recherches de Thuillier, c'était un microbe associé. « On se serait bien passé de la découverte d'une nouvelle maladie ! » ne manquèrent pas de dire les gens qui se figurent qu'une certaine désinvolture tient lieu de tout. Cette espèce est fort commune en France.

Pasteur, ne trouvant aucune indication suffisante du côté de la bave, se mit à rechercher le virus rabique dans le sang. Les résultats furent négatifs. Il se retourna alors vers les centres nerveux. Au cerveau mis à nu d'un chien enragé, on prit un peu de substance bulbaire. Cette substance inoculée provoquait la rage comme la salive.

On voulut faire mieux encore: pour abréger la

période d'incubation, qui était assez longue, et produire la rage à coup sûr, on inocula le virus au cerveau même par trépanation. Le résultat ne laissa plus de doute : c'était bien dans la substance nerveuse qu'il fallait aller trouver le microbe.

Pasteur chercha alors à atténuer le virus, de

La trépanation d'un lapin.

manière à pouvoir conférer l'immunité par vaccination. Il y parvint : des expériences officielles confirmèrent les conclusions auxquelles il était arrivé.

Dans un congrès à Copenhague, Pasteur exposa le résultat de ses travaux sur la rage. La rage n'est jamais spontanée. Pour qu'elle se produise, il faut qu'il y ait eu contact par morsure ou lèchement. Nouvelle preuve à l'appui de la théorie de l'antériorité des germes et de la spécificité de la maladie.

Cette communication, dans laquelle Pasteur avait

fait passer ses auditeurs par toutes les phases de sa découverte, fut accueillie avec enthousiasme par les congressistes (août 1884).

Guérison de la rage.

Restait à trouver le moyen de vacciner les chiens préventivement. Mais, à la réflexion, cette entreprise fut considérée comme pratiquement irréalisable : il y a trop de chiens et il eût fallu organiser un service trop considérable.

Du moins on pouvait songer à l'application d'un traitement à l'homme mordu par un chien enragé : c'était la prophylaxie de la rage après morsure. « Il me semble que la main me tremblera, écrivait Pasteur à l'empereur du Brésil, un souverain qui était en même temps un savant, quand il faudra passer à l'espèce humaine ». Pasteur proposait en même temps à dom Pedro de lui laisser faire des expériences sur des condamnés à mort qui consentiraient à en courir le risque. Après tout c'était une chance qu'on leur offrait, et Pasteur serait allé volontiers à Rio-de-Janeiro pour tenter l'épreuve. Mais la législation moderne ne permettait pas de donner sur ce point satisfaction au savant.

Enfin le hasard s'en mêla. Un enfant de neuf ans, le jeune Meister, des environs de Schlestadt, avait

Monument de Jupille.
(Sculpture de M. Athanase Fossé.)

Le jeune berger Jupille, voyant un chien enragé se précipiter sur un groupe d'enfants, s'était élancé au-devant de l'animal. Le chien lui ayant saisi la main gauche, il eut le courage d'ouvrir la gueule du chien avec la main restée libre, de museler l'animal avec la lanière de son fouet et de lui briser la tête à coups de sabot.

reçu quatorze morsures d'un chien enragé. Il fut amené à Pasteur. Celui-ci était bien embarrassé. Il consulta les docteurs Vulpian, Grancher, Strauss, qui se montrèrent favorables à l'inoculation, et il se décida. Les injections furent graduées : on partit de la moelle la plus atténuée pour arriver à la plus virulente. Pasteur, pendant toute la durée du traitement, était en proie à de mortelles angoisses. La science l'emporta encore une fois : le jeune Meister s'en alla guéri (juillet 1885).

Un second cas se présenta. Un jeune berger jurassien, du nom de Jupille, avait été mordu par un chien enragé avec lequel il avait lutté et qu'il avait tué. Il avait les mains déchirées. Pasteur, informé par le maire de la commune, fit venir la victime. Mais, circonstance défavorable, la première inoculation n'eut lieu que six jours après les morsures, alors que, dans le cas précédent, il n'y avait eu que deux jours d'intervalle. La réussite n'en fut pas moins absolue.

Lorsque l'Académie des Sciences reçut la communication de Pasteur sur ces premiers cas, Vulpian se leva spontanément : « L'Académie ne s'étonnera pas, dit-il, si comme membre de la section de médecine et de chirurgie, je demande la parole pour exprimer les sentiments d'admiration que m'inspire la communication de M. Pasteur. Ces sentiments seront partagés, je l'espère, par le corps médical tout entier. » (26 oct. 1885.)

Et Bouley, président, ajoutait : « A partir d'aujourd'hui, l'humanité est armée d'un moyen de lutter contre la fatalité de la rage et de prévenir ses sévices. Cela, nous le devons à Pasteur, et nous ne saurions avoir trop d'admiration et de recon-

Les inoculations antirabiques
(bas-relief du monument de Pasteur, à Arbois).

naissance pour des efforts qui ont abouti à un si beau resultat. »

Quant à la note même de Pasteur, quelques médecins en accueillirent chaleureusement la lecture; d'autres se réservèrent et quelques-uns se promirent bien de reprendre les hostilités au premier jour.

Le service antirabique avait été aussitôt organisé au laboratoire de Pasteur et les malades affluèrent. Quelques jeunes Américains furent amenés par la mère de l'un d'eux et un médecin, ils repartirent guéris.

Puis ce furent dix-neuf moujicks de Smolensk. Malheureusement les morsures remontaient à quinze jours et, pour quelques-uns, étaient atroces. Trois succombèrent et seize s'en retournèrent indemnes.

Beaucoup d'autres Russes avaient été également guéris. Le tsar décora Pasteur de la grand'croix de Sainte-Anne de Russie en brillants et versa cent mille francs à la souscription ouverte pour la création d'un Institut Pasteur. L'Alsace, par l'intermédiaire de ses journaux, envoya quarante-trois mille francs pour le même objet (1886).

Diphtérie et sérothérapie.

Le croup ou diphtérie résulte d'une intoxication causée par un poison très actif que fabrique un microbe spécial. Ce microbe a été découvert en Allemagne en 1883. Il s'agissait de trouver le vaccin.

Rossignol et Gassend, ce dernier professeur d'agriculture à Melun, furent très vraisemblablement les précurseurs de la sérothérapie. Le premier, Rossignol, eut l'idée, en 1882, de puiser directement dans la veine jugulaire d'un mouton qui avait été soumis à des inoculations très virulentes après sa vaccination, pour convertir en vaccin le sang ainsi obtenu. Les expériences, faute de res-

Le docteur Roux.

sources, n'avaient pu être poussées jusqu'à des résultats définitifs.

Plus tard, deux autres savants, Richet et Héri-

Inoculation du sérum antidiphtérique.

court, ont poursuivi des recherches dans le même sens et ont été considérés comme les inventeurs de la méthode sérothérapique.

Enfin, le sérum antidiphtérique, découvert à la fois par le docteur allemand Behring et par le docteur japonais Kitasato (1894), devait consacrer définitivement la méthode sérothérapique, c'est-à-dire la vaccination par le sang transformé en vaccin.

En inoculant au cheval des doses variées de toxines diphtériques, le sérum du sang de cheval devenait antidiphtérique et constituait le vaccin cherché. Le docteur Roux, qui s'attacha particulièrement à cette découverte, fit au congrès de Buda-Pesth, en 1894, une communication sur le traitement de la diphtérie, qui eut un très grand retentissement, et dont la conséquence fut de provoquer une souscription qui devait permettre de fonder à Garches une annexe de l'Institut Pasteur.

Autres études.

Pasteur n'avait jamais cessé d'élargir sa voie. En 1883 une mission composée de jeunes collaborateurs de Pasteur, Roux et Thuillier, auxquels s'étaient adjoints le docteur Strauss et le professeur Nocard, fut envoyée en Égypte pour étudier le choléra. Thuillier fut enlevé, à vingt-six ans, d'une attaque du mal, à Alexandrie, quand on croyait l'épidémie disparue depuis quinze jours.

La mission ne put d'ailleurs découvrir le microbe cholérique. C'est le docteur Koch, venu à Alexandrie à la même époque que la mission française, qui devait le découvrir plus tard.

Cette découverte de Koch montre que, à l'étranger, on s'efforçait d'appliquer et de développer la méthode de Pasteur. Au Japon même, le docteur Kitasato avait trouvé, on l'a vu, l'antitoxine de la

Nocard.

diphtérie et recherchait, en même temps que le docteur Yersin, qui le découvrit, le bacille de la peste dans la pulpe des bubons. C'est vers cette époque que le docteur russe Metchnikoff vint se fixer à Paris pour travailler à côté de Pasteur.

« Il y a dix ans, avait écrit Duclaux en 1886,

malgré les travaux de Davaine sur le charbon, malgré les belles études de Pasteur sur le ver à soie, on pouvait se demander s'il y a des maladies dues à l'intoxication des microbes. Voilà qu'on est en droit de se demander s'il y a vraiment des maladies où les microbes n'interviennent pas. »

C'est toute une science, toute une doctrine nouvelle que Pasteur avait élaborée, la microbiologie. « On se laisse emporter par l'enthousiasme et on s'incline plein d'admiration et de respect devant le chimiste qui, pour n'être pas médecin, illumine la médecine et dissipe, à la clarté des expériences, des obscurités qui étaient demeurées impénétrables. »

Les dernières années.

Dans les dernières années de sa vie, Pasteur eut la satisfaction d'assister à son propre triomphe. Déjà en 1874 il avait reçu une dotation de douze mille francs par an que lui avait votée le Parlement sur le rapport de Paul Bert. Plus tard cette dotation fut portée à vingt-cinq mille francs. Le gouvernement de la République s'honora par cette mesure (1883).

En 1886 un grand festival eut lieu au Trocadéro au profit de l'Institut Pasteur. Le Maître y fut acclamé.

Le 18 novembre 1888 fut inauguré l'Institut Pasteur. Cette inauguration donna lieu à une solennité où le génie de Pasteur fut célébré comme il convenait.

Enfin en 1892, dans le grand amphithéâtre de la Sorbonne, une nouvelle fête fut organisée à l'occasion du soixante-dixième anniversaire de Pasteur. La médaille que nous représentons ci-contre lui fut offerte à cette occasion.

Dans toutes ces cérémonies, où assistaient les sommités littéraires et scientifiques, les membres et le chef du gouvernement, on prononçait des harangues en l'honneur du grand savant et de son œuvre.

Le ministre M. Charles Dupuy, parlant au nom

Médaille d'or offerte à Pasteur, à l'occasion de son Jubilé, par l'Académie française.

du gouvernement, à la Sorbonne, s'était exprimé en ces termes : «... Vous avez justifié les audacieuses espérances que la religion du progrès avait mises au cœur de nos pères ; vous avez traduit en réalités incontestables les imaginations de Descartes et les rêves de Condorcet. Qui pourrait dire, à cette heure, ce que la vie humaine vous doit et ce qu'elle vous devra dans la suite des temps ! »

De son côté son collègue Bertrand, de l'Académie des Sciences, avait prononcé un discours admirablement résumé dans cette phrase : « Vous n'êtes pas seulement un savant, vous êtes un grand homme. « Ce sera aussi le jugement de la postérité.

Pasteur, toujours modeste, toujours sous l'impression de cette bonté du cœur qui était le fond même de sa nature, semblait s'excuser de son triomphe auprès de ses collègues : « Si parfois, disait-il, j'ai troublé le calme de vos Académies, c'est que je défendais passionnément la vérité. »

Pasteur s'est éteint le 28 septembre 1895, à Garches. Le gouvernement lui fit de pompeuses funérailles : sa mort était en effet un deuil national.

Les appartements de Pasteur, à Garches. A l'étage, la première fenêtre à gauche est celle de la chambre où s'est éteint le grand savant.

DEUXIÈME PARTIE

L'Homme.

On ne ferait pas connaître suffisamment Pasteur si l'on se bornait à retracer son œuvre. D'autre part, à ne s'en tenir qu'aux apparences, on risquerait, à cause de son air absorbé et froid, de juger l'homme défavorablement. Vue de près, au contraire, sa personnalité devient excessivement attachante.

Pasteur était de taille moyenne. Son aspect donnait une impression de solidité et même de rudesse. Le visage était encadré d'une barbe un peu courte, qui laissait à découvert une grande partie de la face. Le front était haut, large, éclairé, sous une chevelure séparée à gauche par une raie. La pensée s'y reflétait, non pas mélancolique, mais plutôt méditative et soucieuse, comme l'indiquaient du reste les contractions qui se remarquaient à la naissance du nez. Le regard était droit; il empruntait à l'ensemble de la physionomie quelque chose de grave.

De ce mélange de gravité et de froideur se dégageait, pour un observateur, une impression de bonté, non pas cette bonté banale qui semble s'offrir à tout venant, mais bien cette bonté supérieure et contenue qui est la marque des natures d'élite.

La démarche était en rapport avec la physionomie : c'était celle d'un homme sérieux et réfléchi. Depuis 1868, époque où il fut frappé d'hémiplégie, il s'appuyait sur une canne en marchant.

Pasteur.

En somme, rien dans son extérieur n'était fait pour frapper l'attention, comme cela eût pu arriver.

Descendant de serfs, fils d'un modeste artisan, Pasteur était voué au labeur. Il ne fut et ne songea jamais à être qu'un travailleur. L'atavisme lui en faisait une loi : à cette loi il conforma sa vie.

« Travaillons » était sa devise, qu'il répétait souvent. Il possédait d'ailleurs pleinement le plus merveilleux des instruments de travail, c'est-à-dire la volonté, et il en connaissait toute la valeur. Il savait le prix de l'effort, de l'effort persistant, inlassable, du vouloir ininterrompu.

Ce fut le secret de son génie, et ce secret il ne manquait jamais une occasion de le divulguer.

A ses sœurs, quand il était encore jeune, à ses collaborateurs, dans toutes les occasions où il prenait la parole, il vantait la puissance de l'effort soutenu. La double caractéristique du tempérament de Pasteur était donc l'énergie et la ténacité. Sous ce rapport c'était un Jurassien accompli, dans le fond et dans la forme. Il était dur surtout à lui-même ; il ne s'accordait jamais de répit : même en villégiature il continuait à travailler et il lui arrivait parfois de trouver que les nuits étaient trop longues.

Toujours occupé et toujours préoccupé, Pasteur était peu communicatif, il parlait peu. Ses collaborateurs eux-mêmes ignoraient souvent le but que poursuivait le Maître au moyen des expériences dont ils étaient chargés.

Lorsqu'il parlait, il cherchait moins à plaire qu'à

faire réfléchir : il parlait toujours avec gravité parce qu'il ne parlait que de choses graves.

Il appréciait cependant la verve et la gaîté chez les autres. Sainte-Claire-Deville lui plaisait avec « son entrain à faire reculer un Méridional, » comme dit Vallery-Radot. « Moi je n'ai pas d'esprit », faisait simplement Pasteur. En effet, pouvait riposter l'ami Bertin, Pasteur ne sait pas comment prendre la vie, « il n'est bon qu'à avoir du génie ».

Duclaux a dit justement : « Pendant les belles années de sa vie cet homme a vécu en avant de son temps, en pionnier perdu dans la solitude, absorbé dans la contemplation des perspectives qu'il découvrait et que son œil était seul à scruter et à parcourir. Quoi de moins indifférent que son indifférence aux choses de l'existence ! Il vivait dans sa pensée sans être un rêveur, car un rêve qui aboutit et qui est fécond n'est plus un rêve. »

On se doute déjà, d'après ce qui précède, que Pasteur n'était pas un mondain et qu'il ne faisait pas partie du Jockey-Club. A la vérité, il parut une fois à Compiègne, mais il y resta dans son rôle de savant, faisant un soir, devant la brillante société au milieu de laquelle il se trouvait, une expérience sur le vin. Il est vrai que l'impératrice lui servait d'aide de laboratoire.

A consacrer sa vie à la recherche de la vérité scientifique, à vaincre les difficultés multiples qui arrêtaient chacun de ses pas, Pasteur avait acquis un tempérament de lutteur que sa rudesse native n'était pas faite pour atténuer. Il avait pris l'habitude de se ruer sur l'obstacle et, au besoin, de foncer sur l'adversaire. Les voix discordantes l'irritaient. Son aspect concentré recouvrait un caractère bouillant dont il avait pleine conscience. Il avait beau jurer de rester calme, toute discussion l'entraînait. Il devenait agressif, amer.

J.-B. Dumas s'efforçait de lui prêcher le calme et de lui inspirer le dédain de ses adversaires. « Je vous demande d'avoir à l'égard des hommes cette patience dont vous êtes si bien doué à l'égard des choses de la nature. » Pasteur promettait, mais à la première occasion il oubliait sa promesse.

Un jour qu'il avait contredit vivement Jules Guérin, à l'Académie, celui-ci, malgré ses quatre-vingts ans, voulut se précipiter sur Pasteur. Le baron Larrey n'eut que le temps de l'arrêter au passage. Le lendemain Pasteur recevait les témoins de Guérin. On n'alla pas jusqu'à la rencontre. Pasteur fournit, par l'intermédiaire du bureau de l'Académie, des explications très nettes, déclarant qu'il n'avait pas eu l'intention d'offenser son collègue ; il n'avait fait que défendre ses travaux.

Pasteur et Liebig, qui étaient deux grands esprits faits pour s'entendre, qui, l'un et l'autre, aimaient la science par dessus tout, sont restés divisés parce qu'ils ne pensaient pas de même sur le rôle de la levure dans la fermentation alcoolique. Ne se dégage-t-il pas de là, dit Duclaux, une grande leçon pour les savants, et aussi pour ceux qui ne le sont pas ?

Comme il arrive fréquemment, ce rude homme était en même temps un homme de sentiment. Il avait le cœur sensible et tendre, l'âme affectueuse. Le sentiment de la famille était profondément enraciné en lui. On connaît l'hommage qu'il rendit à ses « chers disparus », à Dôle, le jour où l'on posa une plaque commémorative sur la maison où il était né. Après ses parents il perdit deux enfants et en éprouva un cruel chagrin. Il vivait entouré de l'affection des siens, qui lui rendaient un véritable culte.

Sa nature affectueuse se révéla en mille circonstances. Il gardait un sentiment de profonde gratitude à ses anciens maîtres : Balard, J.-B. Dumas, Sainte-Claire-Deville, Claude Bernard.

En 1882, un jour qu'un groupe de savants et d'amis offrait à Pasteur une médaille commémorative, Dumas, dans son discours, avait dit : « La science, l'agriculture, l'industrie, l'humanité vous conserveront une gratitude éternelle et votre nom vivra dans les annales parmi les plus illustres et les plus vénérés. » A quoi Pasteur répondit : « Mon cher Maître, il y a quarante ans, en effet, que j'ai le bonheur de vous connaître et que vous m'avez appris à aimer la science et la gloire...

« Après chacune de vos leçons je sortais de la Sorbonne transporté et souvent ému jusqu'aux larmes. Dès ce moment votre talent de professeur,

J.-B. Dumas.

vos immortels travaux, votre noble caractère, m'ont inspiré une admiration qui n'a fait que grandir avec la maturité de mon esprit.

« Vous avez dû deviner mes sentiments, mon cher Maître ; il n'est pas une seule circonstance importante de ma vie ou de celle de ma famille, circonstance heureuse ou pénible, qui vous ait trouvé absent, et que vous n'ayez en quelque sorte bénie. »

Chargé quelque temps après de recevoir le mathématicien Bertrand à l'Académie française, dont il faisait lui-même partie depuis le 27 avril 1882, il fit avec d'autant plus de plaisir l'éloge du prédécesseur, que ce prédécesseur était précisément J.-B. Dumas. Il montra le fond de son cœur, quand il parla de ces maîtres à qui le jeune savant doit ses premiers enthousiasmes et dont le nom n'a cessé de lui apparaître dans un rayonnement de gloire. « Voir enfin ces allumeurs d'âmes, les entendre, leur parler, leur vouer de près, à côté d'eux, le culte secret que nous avions si longtemps gardé dans le silence de notre jeunesse obscure, nous dire leur disciple, ne pas nous sentir trop indigne de l'être ! Ah ! quel est donc le moment, quelle que soit la fortune de notre carrière, qui vaille ce moment-là qui nous laisse des émotions si profondes ! »

Sa reconnaissance ne s'arrêtait pas là. A Londres, dans un congrès, il proposa d'adopter, pour les inoculations de virus atténué, le nom de « vaccination », afin de rendre hommage à Jenner. Il y avait pourtant une différence entre la découverte purement accidentelle du médecin anglais et la méthode féconde créée par Pasteur.

Non seulement Pasteur eut « l'obsession de la

souffrance humaine », mais il se sentait aussi pris de pitié à la pensée des opérations auxquelles ses expériences soumettaient les animaux. Il avait une véritable répugnance pour la vivisection, témoin le fait suivant :

C'était au moment des études sur la rage. « La pensée qu'on allait perforer le crâne d'un chien, raconte le docteur Roux, lui était désagréable. Il souhaitait vivement que l'expérience fût réalisée et il craignait de la voir entreprendre. Je la fis un jour qu'il était absent. Le lendemain, comme je lui rendais compte que l'inoculation intracranienne ne présentait aucune difficulté, il s'apitoya sur le chien : « Pauvre bête ! son cerveau est sans doute lésé, il doit être paralysé ! » Pour toute réponse je descendis au sous-sol chercher l'animal et je le fis entrer au laboratoire. Pasteur n'aimait pas les chiens ; mais quand il vit celui-ci, plein de vivacité, fureter partout en curieux, il témoigna la satisfaction la plus vive et se mit à lui prodiguer les mots les plus aimables. Il savait un gré infini à ce chien de si bien supporter la trépanation et de faire ainsi tomber tous ses scrupules pour les trépanations futures. »

Sa sympathie pour ses malades, c'est-à-dire pour ceux qui avaient subi en sa présence un traitement dû à sa méthode, les suivait plus tard. Il aimait à en recevoir des nouvelles, il s'intéressait à ce qui pouvait leur arriver. Curiosité de savant, sans doute, mais aussi intérêt véritable. Il correspondait parfois avec eux et les engageait à lui écrire. Sa bonté allait jusqu'à leur venir en aide : c'est ainsi qu'il envoyait de l'argent au petit berger jurassien qu'il avait guéri de la rage, afin qu'il pût s'instruire, comme il le lui avait recommandé.

N'y a-t-il pas, dans ce fonds de sympathie qu'on découvre dans l'âme de Pasteur, une des raisons déterminantes de l'orientation imprimée à ses travaux, qui tous tendaient au soulagement de l'être ? Quel réconfort n'a-t-il pas dû éprouver chemin faisant, pendant sa vie laborieuse, à la pensée du bien qu'il faisait !

Mais il ne travaillait pas seulement pour la science, c'est-à-dire pour l'humanité ; il travaillait aussi pour son pays auquel il ne cessait de penser. Sa première émotion patriotique remonte vraisemblablement à 1848. Il assista à la Révolution de février et vibra à l'unisson de ses contemporains. « S'il fallait, écrivait-il à son père, je me battrais avec courage pour la sainte cause de la République. »

Il fut patriote, mais il ne fut jamais un homme politique. Il brigua bien, en 1876, un siège de sénateur dans le Jura. Les électeurs, J. Grévy aidant, eurent le bon esprit de ne pas le nommer. Pasteur, du reste, n'aurait désiré être au Sénat que dans l'intérêt de l'enseignement supérieur et de la science, dont il se serait fait le défenseur auprès du gouvernement. C'était là sa seule préoccupation.

La guerre laissa à Pasteur une ineffaçable impression. « Ceux qui n'ont pas vu la guerre ne savent pas la valeur de ces mots : amour sacré de la Patrie », disait-il. Après la guerre il traduisit en maintes circonstances l'amertume de ses sentiments. « Oh ! que nous avions raison, nous autres savants, de regretter la misère du Département de l'Instruction publique ! La cause vraie de tous nos malheurs actuels est là. Ce n'est pas impunément, on le reconnaîtra peut-être, qu'on laisse une grande nation déchoir intellectuellement. »

Le dernier coup de canon de la guerre venait à peine d'être tiré qu'il écrivait à Duclaux, le 29 mars 1871 : « J'ai la tête pleine des plus beaux projets. La guerre a mis mon cerveau en jachère, je suis prêt pour de nouvelles productions. Hélas ! Je me fais peut-être illusion. Dans tous les cas j'essaierai. Ah ! que ne suis-je riche, millionnaire ! Je vous dirais à vous, à Raulin, à Gernez, à Van Tieghem... Venez : nous allons transformer le monde par nos découvertes ! Que vous êtes heureux d'être jeune et bien portant ! Oh ! que n'ai-je à recommencer une nouvelle vie d'étude et de travail ! Pauvre France ! chère patrie ! que ne puis-je contribuer à te relever de tes désastres ! »

Il ne pardonna jamais à l'Allemagne la guerre impie et le démembrement de la France. Il renvoya au recteur de l'Université de Bonn le diplôme de docteur qui lui avait été conféré, à titre honorifique, avant la guerre. L'année de sa mort encore il refusa de figurer sur la liste des savants auxquels l'empereur d'Allemagne se proposait de conférer l'ordre du Mérite de Prusse.

Si Pasteur laissa voir souvent ses sentiments patriotiques, il eut rarement l'occasion d'exprimer ses opinions philosophiques ou religieuses. En cette matière, il estimait que chacun doit rester maître de la direction de sa pensée, de ses inclinations, et il avait à cœur, pour les autres comme pour lui, de maintenir séparés les deux domaines, celui de l'idée et celui du sentiment, de la croyance.

Lorsque s'éleva la grande querelle au sujet de la génération spontanée, Pasteur en montra quelque surprise. Il n'entrait pas dans sa pensée de se faire le serviteur d'une cause quelle qu'elle fût, hors la cause de la science. Mais ici il allait jusqu'au bout, c'est-à-dire aussi loin que l'entraînaient ses recherches, sans se soucier de la répercussion que pourraient avoir les résultats une fois acquis.

Avant les travaux de Pasteur, la théorie de la génération spontanée ne rencontrait guère de contradicteurs. Elle venait à l'appui de doctrines fort à la mode en ce temps-là, le matérialisme et le darwinisme. Avec la génération spontanée il était inutile de pâlir sur la question de l'origine de l'homme. L'être était né spontanément et, par le transformisme, d'espèce en espèce, l'homme était en dernier lieu issu du singe.

Pasteur, sans le vouloir, sans y avoir songé, sans arrière-pensée et sans parti-pris, fit sortir de ses cornues un argument péremptoire contre cette théorie : c'était l'affirmation scientifique qu'il n'y a pas de génération spontanée. Il fallut bien, en dépit qu'il en eût, qu'il dît un mot à ce sujet.

Il réclama l'indépendance absolue pour le savant, son droit de rechercher et de dévoiler la vérité quelle qu'elle soit. A Nisard, qui ne laissait pas de se montrer perplexe, il disait : « Les recherches sur la cause première ne sont pas du domaine de la science. Elle ne connaît que ce qu'elle peut démontrer, des faits, des causes secondes, des phénomènes. »

Mais l'affirmation de cette indépendance du savant qui suit aveuglément ses découvertes ne nous fournit qu'un renseignement très incomplet sur les tendances philosophiques de Pasteur. Plus tard, en 1875, devant l'Académie des Sciences, où la lutte se renouvelait souvent, il fut amené à s'expliquer d'une façon catégorique et à faire une véritable profession de foi :

« La Science, dit-il, ne doit s'inquiéter en quoi que ce soit des conséquences philosophiques de ses travaux. Si, par le développement de mes études expérimentales, j'arrivais à démontrer que la matière peut s'organiser d'elle-même en une cellule ou en un être vivant, je viendrais le proclamer dans cette enceinte avec la légitime fierté d'un inventeur qui a la conscience d'avoir fait une découverte capitale, et j'ajouterais, si l'on m'y provoquait : — tant pis pour ceux dont les doctrines et les systèmes ne sont pas d'accord avec la vérité des faits naturels. C'est avec la même fierté que je vous ai dite tout à l'heure, en mettant mes adversaires au défi de me contredire : dans l'état actuel de la Science, la doctrine des générations spontanées est une chimère. Et j'ajoute avec la même indépendance : tant pis pour ceux dont les idées philosophiques ou politiques sont gênées par mes études !

« Est-ce à dire que dans mon for intérieur et dans la conduite de ma vie je ne tienne compte que de la science acquise ? Je le voudrais que je ne le pourrais pas, car il faudrait me dépouiller d'une partie de moi-même.

« En chacun de nous il y a deux hommes : le savant, celui qui a fait table rase, qui, par l'observation, l'expérimentation et le raisonnement, veut s'élever à la connaissance de la nature, et puis l'homme sensible, l'homme de tradition, de foi ou de doute, l'homme de sentiment, l'homme qui pleure ses enfants qui ne sont plus, qui ne peut, hélas ! prouver qu'il les reverra, mais qui le croit et l'espère, qui ne veut pas mourir comme meurt un vibrion, qui se dit que la force qui est en lui se transformera. Les deux domaines sont distincts, et malheur à celui qui veut les faire empiéter l'un sur l'autre, dans l'état si imparfait des connaissances humaines ! »

Pasteur s'est livré tout entier dans cette confession qui se passe de tout commentaire. De quelque opinion philosophique ou religieuse qu'on se réclame, on ne peut que s'incliner devant cette franchise, cette élévation et cette noblesse de pensée.

Le savant.

Lorsque Pasteur, après son séjour relativement court à Strasbourg et à Lille (où on lui a élevé un monument), revint comme administrateur[1] à l'École Normale supérieure (1857), n'étant pas professeur, il n'avait pas de laboratoire. Mais Pasteur sans laboratoire ce n'était pas Pasteur. Faute de mieux il s'installa dans un grenier de l'École pour ses travaux. Il n'avait ni matériel, ni crédit, ni préparateur. Il s'en consola : « Nos découvertes n'en auront que plus de mérite, » écrivait-il à Chappuis. Dix ans plus tard, on lui édifia un laboratoire à l'École même.

Nul plus que Pasteur ne sentait le prix du laboratoire : aussi, soit dans des brochures, soit dans des articles de Revue, il revenait souvent et avec insistance sur la nécessité pour le pays de fournir des laboratoires aux savants, s'attachant à montrer

---

1. On avait créé ce poste en faveur de Pasteur pour lui rouvrir l'École Normale, mais il n'y avait pas d'illusion à se faire sur ce point : « Ils l'ont nommé administrateur, disait malicieusement Biot, laissons-leur croire qu'il administrera ! »

Pasteur dans son laboratoire. (Tableau de Edelfelt.)

combien, sous ce rapport, la France était distancée par les autres pays : « Supprimez les laboratoires, disait-il, les sciences physiques deviendront l'image de la stérilité et de la mort. »

On a vu que Pasteur n'avait pas conservé longtemps les fonctions de professeur, qui ne lui allaient guère. Il était plus à l'aise dans un laboratoire que dans une chaire magistrale ; on peut même dire qu'il y passa effectivement sa vie. Il s'en arrachait à regret, même lorsque les plus doux devoirs lui en faisaient une obligation. A l'époque où il devait épouser Melle Laurent, il dut prendre sur ses heures de travail pour remplir son rôle de fiancé. Qu'il ait pu se détacher ainsi de son laboratoire, cela ne laissait pas de l'étonner lui-même : « Et moi qui aimais tant mes cristaux ! » disait-il dans une lettre.

L'expérience faite dans le silence et le calme du laboratoire lui allait mieux que la conférence. Ses leçons, quand il était professeur, lui demandaient une minutieuse préparation, et, même à ce prix, il n'arrivait pas à se satisfaire.

Ses deux premières leçons à Strasbourg ne lui plurent pas ; il les trouvait mauvaises précisément parce qu'elles étaient trop préparées. Il aurait pu dire comme le littérateur Rigault, dont il suivait parfois les brillantes leçons à la Sorbonne : « Quand je suis dans ma chaire, j'ai le corps serré dans un corset d'acier. » A trop préparer la forme, on en reste le prisonnier, on n'est plus soi-même : c'est le corset d'acier. Pasteur n'était pas fait pour le corset ; il se passait d'ailleurs volontiers d'une aptitude qu'il n'avait pas. Il se résigna à ne pas être un brillant improvisateur, et il vaut mieux sans doute qu'il en ait été ainsi.

Pasteur fut donc avant tout un expérimentateur, un savant de laboratoire ; les notes qu'il rédigeait étaient destinées à son usage personnel ou à ses communications à l'Académie. Il ne publiait que ce qui avait un intérêt pratique, comme les « Études sur les Vins ».

Lorsqu'il avait à prendre la parole à l'Académie des Sciences, dont il était membre depuis le mois de décembre 1862, ou en public, il lisait d'habitude ce qu'il avait à dire. Les mots d'orateur, de tribune, de discours lui paraissaient déplacés à l'Académie de Médecine. Cela le froissait et le gênait que, pour parler le langage de la science, on eût recours à des procédés et à des formes qui convenaient à d'autres milieux ; il aurait voulu qu'on y renonçât.

On peut donc dire que Pasteur manquait des qualités un peu superficielles qui font briller ; mais il avait les qualités du chercheur, du pionnier, celles que le public ne voit ni n'apprécie. Le public en effet ignore les heures pénibles par lesquelles le savant, l'artiste ou l'écrivain ont d'avance payé la joie de leur succès. « Allez donc parler à la foule, disait Biot, d'études antérieures, de théories physiques et chimiques longtemps élaborées dans le silence du cabinet. Elle ne s'arrête pas à vous écouter, elle ignore les antécédents et les dédaigne. »

Pasteur les connaissait bien les heures pénibles, anxieuses et fiévreuses, qui s'écoulent sans témoins, qui amènent parfois de vives déceptions, mais qui causent aussi de secrètes et profondes jouissances, lorsque les patients efforts sont enfin couronnés par le succès.

« Comme savant, Pasteur n'a pas eu de précurseur, remarque Duclaux, c'est-à-dire qu'il n'a développé et étendu les idées de personne. Il reste l'égal de beaucoup lorsqu'il montre l'origine microbienne du charbon ou d'autres maladies. Là où il sort de pair, c'est lorsqu'il découvre l'atténuation du virus, et qu'il introduit dans la science cette notion féconde qui permet d'agir sur la maladie en agissant non plus sur le malade, comme on l'avait fait jusque-là, mais sur le microbe pathogène. »

En vérité, d'autres ont pu avoir l'intuition des faits pathologiques sur lesquels ont porté les études de Pasteur.

L'Allemand Henle avait, avant Pasteur, attribué la maladie à la « matière morbide », c'est-à-dire à quelque chose d'autre que la diathèse.

Mais de là à la théorie microbienne il y a une distance qu'il n'avait pas franchie.

On en peut dire autant de ce qui avait été tenté

pour l'inoculation préventive comme pour la sérothérapie. De pareilles idées restent en quelque sorte à l'état sporadique tant que le génie qui féconde ne s'en est pas emparé pour les soumettre à une méthode, les généraliser et en tirer toutes les conséquences utiles.

On a pu avoir, avant Christophe Colomb, l'idée de la sphéricité de la terre; d'autres avant lui ont pu, accidentellement, aborder au continent américain. Christophe Colomb seul s'est embarqué avec l'idée que la terre est ronde et que, en naviguant vers l'ouest, on devait arriver à des régions connues. Chemin faisant, il a découvert le nouveau continent. Il a eu de plus que les autres l'idée géniale et directrice, avec la volonté.

Dès ses premiers travaux, Pasteur a eu devant lui un problème de vie; il a trouvé la route pour l'aborder et, depuis, il a toujours marché dans la même voie. Il a déployé des qualités de premier ordre, à la fois audacieux et prudent, se trompant parfois et longuement, mais constamment ramené dans le vrai chemin par cette sévère méthode expérimentale dont il a souvent parlé avec reconnaissance.

Pasteur, on le sait, était réservé; il ne devenait affirmatif que lorsque son affirmation s'appuyait sur une expérience. On se rappelle l'incident de la poule charbonneuse de Colin, d'Alfort.

Un autre fait éclairera encore mieux ce côté du

caractère de Pasteur. A Nancy, dans le sang d'une femme qu'il croyait morte de fièvre puerpérale, le docteur Feltz prétendait avoir trouvé un certain microbe que Pasteur n'y avait jamais vu. Celui-ci se fit envoyer quelques gouttes du sang. Après examen, il écrivit à Feltz que la femme était morte du charbon.

Ce diagnostic posthume à distance ne fait-il pas penser à Leverrier, découvrant une planète par le calcul, sans quitter son cabinet ?

Feltz n'en voulait rien croire. Pasteur lui envoya trois cobayes vivants qu'il avait inoculés : le premier avec le sang de la femme morte, le second avec la bactéridie d'un sang charbonneux venant de Chartres, le troisième avec du sang charbonneux d'une vache du Jura.

A l'autopsie, Feltz ne put faire aucune différence entre les trois cas. Avec une sincérité parfaite, il confessa son erreur à l'Académie. On fit une enquête et on finit par découvrir que la femme avait occupé une petite chambre contiguë à l'écurie d'un maquignon. Dès lors la contagion s'expliquait d'elle-même.

La démonstration que Pasteur venait de faire ainsi de la sûreté de sa méthode valait assurément mieux que le plus beau discours. « Il éclaire tout ce qu'il touche », avait dit Biot. On aurait pu ajouter : « et même ce qu'il ne touche pas ».

Pasteur se montrait très catégorique quand il était en possession de la vérité : le débat avec

Feltz en est une preuve de plus. Il allait parfois jusqu'à la dureté à l'égard de son contradicteur, parce que toute contradiction lui était insupportable. Ses adversaires étaient sans doute des savants

Le monument de Pasteur, à Paris.

comme lui ; mais cela prouve, comme l'a observé Duclaux, que les savants, même les plus patentés, n'ont pas toujours l'esprit juste ni préparé à tout comprendre.

Pasteur a rendu d'inappréciables services. Les

industries de la sériciculture, du vinaigre, du vin, de la bière, lui doivent beaucoup. Il en est de même de l'agriculture, grâce aux progrès de la médecine vétérinaire.

Ce sont ces inappréciables services que Falguière a voulu immortaliser dans sa conception du monument de Pasteur, élevé sur la place de Breteuil, à Paris. Au-dessous de la statue de Pasteur se détachent en haut-relief des figures d'un symbolisme à la fois très artistique et facilement intelligible ; à la face antérieure : l'Humanité implorant le secours du grand savant ; sur les trois autres faces, les Travailleurs des champs, goûtant la paix et la sécurité.

En toute occasion, le savant laissait voir le grand intérêt qu'il prenait à l'art de guérir les animaux. Il aurait voulu pouvoir devenir élève de l'École d'Alfort. En 1879 les vétérinaires praticiens, justement pénétrés des progrès que la médecine des animaux devait à Pasteur, avaient émis le vœu qu'un diplôme vétérinaire, portant les signatures des directeurs des trois Écoles de France, fût décerné à Pasteur. Ce projet ne put se réaliser, parce qu'il était en opposition avec le statut fondamental des Écoles vétérinaires.

La médecine de l'homme se trouva complètement renouvelée : la chimie l'emportait sur la clinique, la science sur l'empirisme. Pasteur avait conscience de la révolution qu'il opérait et qui lui avait valu tant de luttes, de peine et d'amertume.

Le génie de Pasteur rayonnait du plus pur éclat. Pasteur était entré vivant dans la gloire. La fin avait tenu, et au delà, les promesses du commencement, celles qu'il formulait, vagues encore, quand il fit ses premières découvertes en cristallographie. « La grande route neuve et imprévue » qu'il avait entrevue l'avait en effet conduit à des « conséquences incalculables. »

Pendant son séjour à Pont-Gisquet, il s'inquiétait de ne pas être à son poste à l'École Normale. Le directeur, Nisard, lui écrivait pour le rassurer : « Prenez tous les jours qui vous seront nécessaires ; vous êtes absent pour le service de la science et, si j'en crois mes pressentiments, pour le service de l'humanité. »

C'est bien en effet au service de l'humanité que Pasteur a consacré sa vie. Les peuples étrangers ne furent pas les derniers à adopter ce génie bienfaisant et à mettre à profit ses découvertes et sa méthode.

Du monde entier lui parvenaient des lettres, des appels, des demandes de consultation. On le prenait pour un médecin, lui qui regrettait tant de ne pas l'être. « Il ne soigne pas les individus, répondit un jour Edmond About à un étranger qui commettait cette méprise, il s'efforce de guérir l'humanité. »

Tel fut réellement le rôle de Pasteur. Mais en

servant l'humanité et la science, il servait surtout son pays, dont il ne se détachait jamais, auquel, au contraire, il rapportait toutes ses joies, tous ses succès. On se rappelle la lettre qu'il écrivait à Duclaux après la guerre : « Pauvre France, chère Patrie, que ne puis-je contribuer à te relever de tes désastres ! »

Son vœu fut pourtant exaucé en partie. Huxley, dans une leçon à la Société Royale de Londres, disait : « Les découvertes de Pasteur suffiraient à elles seules pour couvrir la rançon de guerre de cinq milliards payés par la France à l'Allemagne en 1870. » Et qui pourra, d'autre part, faire jamais le compte des vies humaines sauvées par la méthode antiseptique !

TROISIÈME PARTIE

Pasteur et la Science.

Les pages qui précèdent sont consacrées à l'exposé historique de l'œuvre de Pasteur, à l'étude de l'homme lui-même, de son caractère et de son esprit.

Les travaux de ce savant, le rôle qu'il a joué, l'action qu'il a exercée, demandent peut-être quelque chose de plus, pour être bien compris, que le récit qui en a été fait jusqu'ici.

L'œuvre de Pasteur n'est pas d'une assimilation facile pour qui n'y est pas quelque peu préparé. Il arrivait même, lorsque Pasteur lisait à l'Académie une note sur quelque point de ses travaux, que Claude Bernard et J.-B. Dumas eux-mêmes ne comprenaient pas toujours du premier coup.

C'est pourquoi il a paru utile à l'essai de vulgarisation qui fait l'objet même de ce livre, de revenir sur tout ce qu'il y a d'essentiel dans l'œuvre de Pasteur, pour permettre de mieux mesurer l'effort accompli, de mieux pénétrer l'idée directrice, de mieux apprécier le progrès réalisé, qui fut capital.

En substituant, dans les pages qui suivent, le point de vue scientifique au point de vue historique, les mêmes choses, vues sous un nouvel aspect et éclairées d'une autre lumière, ne pourront qu'y gagner en netteté.

On reviendra donc, dans cette dernière partie, sur la cristallographie, qui a ouvert à Pasteur une voie neuve et inespérée.

On s'efforcera de mieux faire voir la liaison qui rattache la dissymétrie moléculaire au phénomène de la fermentation, qui n'était pas connu scientifiquement, en dépit d'ingénieuses définitions.

En troisième lieu, en suivant toujours la marche, le processus même des travaux du savant, on essaiera de mettre plus de précision dans les détails déjà donnés sur l'application que Pasteur a faite de sa théorie microbienne aux maladies de l'homme et des animaux.

Enfin Pasteur a jeté des semences qui ont continué à germer et à lever après lui : quelques indications à ce sujet ne seront pas inutiles.

Pasteur a fondé une doctrine, celle des microbes, et une méthode, la méthode expérimentale appliquée aux infiniment petits. Il ajouta, au merveilleux instrument qu'était son esprit d'investigation et de généralisation, le microscope et la cornue, qui le conduisaient à une certitude absolue.

Mais le succès n'aurait peut-être pas été aussi complet, si Pasteur n'avait pas été doué de cette ténacité, de cette âpreté dans la lutte, de ce besoin de vaincre, de faire triompher la vérité, qui sont la caractéristique de son tempérament.

On peut dire que la pierre d'angle de tout son système est le ferment. Grâce à Pasteur on sait aujourd'hui ce qu'est la fermentation, comme on est fixé sur l'étiologie des maladies infectieuses, sur le mystère de la contagion et de l'immunisation.

Non seulement il a expliqué la genèse de maladies redoutables comme le charbon et la rage, mais il a donné aussi les moyens de les prévenir, de les dominer, de les guérir.

Comme tout novateur, Pasteur devait être contesté et combattu. La résistance fut longue, opiniâtre. Elle fut marquée par des discussions, des polémiques, des luttes ardentes dont on a déjà eu un aperçu précédemment et sur lesquelles il ne sera pas indifférent de revenir encore.

L'hostilité à laquelle se heurta Pasteur, et que lui montra en particulier le corps médical, n'est pas un fait isolé et dont il convienne de faire grief aux médecins du siècle dernier. On pourrait plutôt le considérer comme une fatalité psychologique maintes fois relevée par les esprits observateurs. Tous les pouvoirs sociaux sont naturellement voués à la coutume, remarque Renouvier : l'homme collectif ne se modifie volontairement que le moins qu'il peut, à son corps défendant pour ainsi dire.

Cette vérité s'est vérifiée une fois de plus le jour

où Pasteur est venu, lui, profane, toucher à « la coutume » médicale.

Il n'y a rien de plus dans le conflit, sur lequel nous aurons à revenir en raison même de l'intérêt qu'il présente pour la science.

« Quand on a rendu hommage à la mémoire de Pasteur en lisant son histoire, remarque M. Louis Passy[1], on reste sous cette impression d'une épopée dont le héros, par sa ténacité et la profondeur de ses vues, transforme un roman d'aventures en une conquête scientifique. Chaque découverte de Pasteur est une action dramatique. La scène varie sans cesse : elle est dans le laboratoire, dans les Académies, dans les conférences, dans les voyages, dans les ateliers ou dans les champs. Les acteurs se renouvellent avec la scène. Parfois, à propos de certains contradicteurs, des incidents se déroulent et soulèvent des passions violentes ; mais l'action se termine toujours par une victoire, préparée par la stratégie des expériences, et assurée par le coup final d'une découverte qui écrase à la fois tous les adversaires. »

C'est ce drame, ce sont les péripéties de cette bataille qu'on retrouvera en raccourci dans les lignes suivantes.

---

1. Bulletin des Séances de la *Société nationale d'Agriculture de France*, année 1904, n° 11.

La doctrine microbienne.

La note de Mitscherlich sur le paratartrate joue un rôle important dans la carrière scientifique de Pasteur : elle a déterminé son orientation. On a vu que Pasteur s'était refusé à admettre l'anomalie signalée par le savant allemand. Ses observations le conduisirent à reconnaître que la demi-facette des cristaux ou, pour revenir au terme propre, l'hémiédrie, exerçait un pouvoir rotatoire sur la lumière polarisée ; il avait reconnu encore, fait important, que cette dissymétrie moléculaire est corrélative de vie, c'est-à-dire que la molécule est vivante quand il s'agit de la matière organique.

« Le végétal, dit Duclaux, qui est le grand créateur de matière organique à la surface du globe, est un être en travail continu de synthèse. A l'aide de matériaux parvenus au dernier degré de simplification chimique, gaz carbonique, eau, ammoniaque, il fabrique des substances de plus en plus complexes, qu'il emmagasine dans les tissus nouveaux qu'il se crée suivant ses besoins. Dès que ces substances atteignent un certain degré de complexité, on voit apparaître chez elles le pouvoir rotatoire moléculaire, absent jusque-là. »

Mais pouvait-on, sans chicaner, laisser dire à un Français que l'hémiédrie était d'un côté, quand un minéralogiste allemand venait d'affirmer qu'elle était de l'autre?

Pasteur marcha à l'ennemi armé d'énormes cristaux en bois qu'il avait fait tailler par un menuisier. Dans une leçon à la Société Philomathique, à Paris, il n'alla pas jusqu'à jeter ses morceaux de bois à la tête de ses contradicteurs, mais il les flagella d'une phrase cinglante : « Si vous étiez au courant de la question, que faites-vous de votre conscience? Et si vous n'étiez pas au courant, de quoi vous mêlez-vous? » En réalité, sur le point de savoir si l'hémiédrie était à droite ou à gauche, tout dépendait de la manière de tenir les cristaux. Ce n'était donc qu'une querelle d'Allemand qu'on avait cherchée à Pasteur. Il devait en voir d'autres.

Pasteur avait l'esprit rempli de sa découverte relative à la dissymétrie moléculaire, lorsque son attention fut appelée sur la question de la fermentation.

La théorie de Liebig était partout adoptée. Selon le chimiste allemand, la fermentation était l'effet de la décomposition des matières organiques sous l'action de l'oxygène de l'air : toutes les matières animales et végétales en putréfaction reportent sur d'autres corps l'état de décomposition dans lequel elles se trouvent elles-mêmes. Liebig n'attribuait aucun rôle dans la fermentation au globule de levure, c'est-à-dire à la cellule vivante.

Cette doctrine n'avait pu satisfaire Pasteur. Le globule de la levure présent dans la fermentation est hémiédrique à gauche, il a le pouvoir rotatoire, c'est donc un être organisé.

Mais d'où vient cette levure? Vient-elle de la matière en décomposition? Est-ce l'effet de la génération spontanée? Certainement, répondaient les partisans de la génération spontanée, les hétérogénistes.

« L'hétérogénie, avait dit Trécul, est une opération naturelle par laquelle la vie, sur le point d'abandonner un corps organisé, concentre son action sur quelques-unes des particules de ce corps et en forme des êtres tout différents de celui dont la substance a été empruntée. « On peut rapprocher cette définition de celle de Musset, qui a été donnée dans la première partie. Ces définitions n'étaient que des explications qui n'expliquaient pas grand'chose : dire que « la vie sur le point d'abandonner un corps concentre son action sur des particules » est une phrase jetée sur un mystère, mais non la révélation même du mystère.

On sait quelle forme scientifique et quelle force irréfragable Pasteur avait données à sa théorie. Mais des objections nombreuses, embarrassantes, se produisirent fatalement, d'autant que Pasteur n'avait pas du premier coup pourvu à tout.

Les germes de l'air, débris des matières organiques décomposées, poussières volantes, doivent se trouver, se trouvent effectivement dans les couches inférieures de l'atmosphère. Au sommet des montagnes on ne rencontre pas ou presque pas de germes. Pasteur en avait acquis la certitude grâce à des expériences répétées.

Pouchet et Joly allèrent faire des observations sur la Maladetta, et voilà que leurs matras, à moitié remplis de décoction de foin stérilisée, se mirent à fermenter, une fois ouverts au sommet de la montagne.

Frémy, de son côté, vint soutenir que le moût de raisin fermente non par l'effet de l'air, mais parce que le suc du grain de raisin donne naissance aux graines de levure par la transformation de la matière albumineuse. Frémy et Trécul étaient donc d'accord : le ferment ne vient pas du dehors, il est créé par la matière organique.

Enfin le docteur anglais Bastian arrive à son tour avec un ballon d'urine, liquide essentiellement fermentescible. L'urine avait été stérilisée par l'ébullition et pourtant, au contact d'un peu de potasse bouillie et stérilisée, le liquide s'était peuplé sans que l'air y fût pour quelque chose.

Tout cela se passait après la conférence mémorable de la Sorbonne, dans laquelle Pasteur avait ruiné la doctrine de la génération spontanée[1]. Tout

1. Voir page 20.

n'était pas faux cependant dans les assertions de Pouchet, de Frémy et de Bastian. Mais Pasteur ne pouvait admettre ni l'interprétation ni les conclusions de ses contradicteurs.

Il y avait une particularité dont Pasteur avait été frappé dans ses études sur le mycoderme du vin : c'est que la levure ne périssait pas à l'intérieur du liquide, à l'abri de l'air. Il refit les expériences de ses contradicteurs et trouva de quoi répondre à chacun d'eux. Comme il l'a dit lui-même, ce qui manquait à ses adversaires, c'était l'habitude du microscope et du laboratoire.

Grâce à son esprit de finesse et de discernement, il démontra à Frémy que le bois de ses grappes, la surface des grains avaient conservé des poussières qui fournissaient au moût le ferment. Il démontra à Pouchet et à Bastian que l'ébullition n'avait pas suffi à tuer, non pas l'infusoire même, mais l'œuf de l'infusoire, la spore, plus résistante aux hautes températures. D'autre part, comme c'était le cas pour Bastian, la réaction du liquide peut aussi provoquer la reviviscence du germe, ainsi que le fait, dans d'autres cas, le contact de l'air.

Enfin, il répondait à Trécul que sa théorie transformiste était fausse. Il s'opère bien en réalité une transformation de l'aérobie en anaérobie, de l'infusoire à la spore, mais ce n'est pas un changement d'espèce, ce n'est qu'un changement de fonction du même individu : c'est le ver à soie devenant chrysalide.

Les adversaires de Pasteur ignoraient tout cela, comme Pasteur l'avait ignoré tout d'abord, car il n'était pas arrivé du premier coup à ces notions, qui ne se précisaient et ne s'affirmaient que successivement, à la longue, sous la poussée de ses contradicteurs.

Ainsi, en faisant passer la question de la génération spontanée par ses tubes et ses cornues, Pasteur put proclamer que la génération spontanée est une erreur absolue. Il n'y a ni fermentation ni décomposition tant que l'air n'a pas fourni, directement ou indirectement à la matière organique, la cellule, le micro-organisme dont elle a besoin pour fermenter.

Cette donnée s'est élargie et modifiée dans la suite. Poussé toujours plus avant par les objections, Pasteur avait fini par se rendre complètement maître de la vie anaérobienne. C'est ainsi que, son esprit mis en éveil par l'anaérobie de l'acide butyrique, par l'anomalie qu'il avait remarquée à l'occasion du mycoderme du vin, il arriva à découvrir le germe, la spore, qui garde une vie latente au fond du liquide[1].

Il reconnut ainsi que ce n'est pas, à proprement

1. Voir plus loin, page 124.

parler, l'air atmosphérique qui entretient la vie des infiniment petits, mais l'oxygène. Ainsi l'infusoire privé d'air peut trouver à emprunter de l'oxygène à la matière ambiante ; la matière alors se désorganise et fermente.

Voilà donc le mystère de la fermentation expliqué. La cellule devient ferment pour les matières susceptibles de lui fournir l'oxygène : seules par conséquent peuvent fermenter les substances qui ont de l'oxygène à donner à leur ferment. De là découle encore une idée nouvelle, celle de la spécificité [1] du ferment. Cette idée, transportée plus tard en médecine, produira la théorie de la spécificité des microbes pathogènes et, conséquemment, des maladies.

Les collègues, les amis de Pasteur ne comprenaient pas toujours sa fougue, sa combativité. On lui prêchait le calme. « Mon cher Pasteur, lui disait Balard, permettez à ma vieille amitié de vous dire publiquement que je crains que vous n'entriez dans une voie nuisible à vos propres recherches et à votre propre repos, en répondant par vos expériences personnelles aux questions spéciales, nombreuses, qui peuvent vous être adressées. Que vos adversaires expérimentent d'abord eux-mêmes, et quand ils vous apporteront des résultats qui vous

1. Voir page 24.

paraîtront inexacts, appliquez, à les discuter et à trouver le point faible, s'il y en a, cette logique scientifique sévère dont vous avez le secret... Il faut que rien ne vienne troubler la paix du laboratoire qu'on a construit pour la science nouvelle que vous avez créée ».

Duclaux lui écrivait de son côté : « Je vois bien ce que vous pouvez perdre dans ces luttes stériles, votre repos, votre temps, votre santé ; je cherche vainement ce que vous pouvez y gagner ».

Mais, aurait pu répondre Pasteur, j'ai tout à y gagner. Mes contradicteurs, en me forçant à rectifier leurs erreurs, m'obligent en même temps à approfondir mes propres études, à serrer de plus près la vérité, à faire éclater la pure lumière en dissipant toutes les obscurités. Leurs attaques sont pour moi un stimulant nécessaire, puisqu'elles me font aller toujours plus avant ; elles servent la cause de la science et du progrès en me mettant dans l'obligation de triompher deux fois, dans mon laboratoire d'abord, devant l'opinion publique ensuite. Sans eux je serais moins sûr de mon succès et, après moi, la lutte serait peut-être à recommencer.

Dix ans après la conférence de la Sorbonne, Pasteur eut à rompre une dernière lance à propos de la génération spontanée. Cette fois c'était à l'Académie de Médecine, où Pasteur était entré depuis deux ans.

Poggiale, ancien pharmacien du Val-de-Grâce,

avait dit à l'Académie : « M. Pasteur nous a dit qu'il cherchait depuis vingt ans la génération spontanée sans l'avoir trouvée. Je doute qu'il la trouve... cette question est presque insoluble... Cependant ceux qui, comme moi, n'ont pas d'opinion arrêtée sur la génération spontanée, conservent le droit de vérifier, de contrôler, de discuter et d'interroger les faits au fur et à mesure qu'ils se produisent, de quelque part qu'ils viennent... »

Pasteur bondit comme sous un outrage. « Quoi ! s'écria-t-il, je suis engagé depuis vingt années dans un sujet et je ne dois pas avoir d'opinion ! Et le droit de vérifier, de contrôler, de discuter et d'interroger appartiendra surtout à celui qui ne fait rien pour s'éclairer, à celui qui vient de lire plus ou moins attentivement nos travaux, les pieds sur les chenets de la cheminée de son cabinet !... Vous n'avez pas d'opinion sur la génération spontanée, je le crois sans peine... Eh bien, j'en ai une, moi, par vingt années de travaux assidus !... Quel jugement portez-vous donc sur mes expériences ?... En résumé, où voulez-vous en venir, partisans déclarés de l'hétérogénie ou soutiens complaisants et inconscients de cette doctrine ? Attaquez-vous donc à mes expériences !... »

Pasteur n'argumentait pas, il démontrait. Le laboratoire faisait sa force et c'est dans ce champ clos qu'il cherchait toujours à ramener ses adversaires.

La révolution en médecine.

On sait déjà que le microbe ne rencontra pas une moins vive opposition à l'Académie de Médecine qu'à l'Académie des Sciences.

Jusque-là la médecine avait été considérée non comme une science, mais comme un art. Elle était fondée uniquement sur l'observation clinique. Le médecin possédait plus ou moins le tact divinatoire, qui n'avait rien de commun avec la science. Dans ces conditions le traitement était en quelque sorte affaire de doigté ; il restait subordonné à la façon dont réagissait la spontanéité du malade. Trousseau n'avait donc pas absolument tort de dire que la médecine, vue sous ce jour, était un don du ciel.

Rien d'étonnant à ce que le médecin eût alors, sur lui-même et sur son rôle, une opinion un peu hiératique. Il semblait exercer un sacerdoce et le marquait dans son costume, au moins par la cravate blanche, qui rappelait l'antique rabat, comme le hausse-coi l'ancienne armure.

La médecine se regardait si peu comme une science qu'elle se montrait défiante et hostile à l'endroit de la science. La physiologie même ne trouvait pas grâce devant le médecin. On disait qu'elle n'était d'aucune utilité et que la médecine pouvait très bien s'en passer.

Afin de mieux marquer ce dédain, on choisissait,

pour le manifester, le moment même où Claude Bernard inaugurait ses magistrales leçons. On peut préjuger, d'après cela, l'accueil réservé au chimiste Pasteur.

La première fois qu'un modeste médecin du Val-

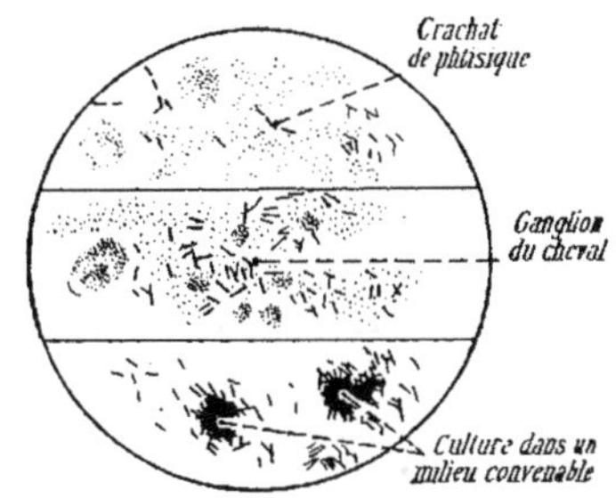

Microbe de la tuberculose dans différents milieux.

de-Grâce, Villemin, parla de la tuberculose comme d'une maladie spécifique inoculable, qui se reproduit et ne peut se reproduire que d'elle-même, ce fut un beau tapage dans le monde médical.

Pidoux, qui personnifiait quelque peu la médecine du temps, s'écriait : « Il ne reste plus aux médecins qu'à tendre des filets aux sporules de la tuberculose ou à trouver le vaccin ! »

D'autre part et dans le même esprit Davaine était vivement pris à partie au sujet des bactéridies dont il avait constaté la présence dans le sang charbonneux. La théorie des germes, des virus-ferments, était attaquée comme si elle était le renversement de toutes les notions acquises.

Le docteur Chassaigne parlait devant l'Académie de Médecine de ce qu'il nommait « une chirurgie de laboratoire qui fait périr beaucoup d'animaux et sauve très peu d'hommes. » Il ajoutait non sans ironie : « Fièvre typhoïde, bactérisation ! miasmes des hôpitaux, bactérisation ! » Chirurgiens et médecins s'entendaient parfaitement pour renvoyer le chimiste à ses cornues et à ses microbes dont ils n'avaient que faire.

Cependant les maladies purulentes, infectieuses, contagieuses, continuaient à sévir. La croyance qu'il pouvait y avoir, dans les tissus, des êtres microscopiques venus de l'extérieur, qu'ils s'y développaient en y occasionnant des modifications spécifiques, c'est-à-dire en provoquant suivant leur nature telle affection morbide plutôt que telle autre, cette croyance-là pouvait avoir effleuré quelques esprits, mais elle heurtait toutes les idées reçues. On n'acceptait pas que l'infection putride vînt d'un ferment organisé, les organismes inférieurs n'ayant par eux-mêmes aucune action toxique, disait-on : ils étaient non une cause, mais un résultat, un épiphénomène.

La contagion.

Telle était sur ce point la doctrine toute négative de l'Académie de Médecine, quand Pasteur y entra.

Au cours d'une discussion, on lui demanda son avis : l'avis d'un chimiste en effet, sur une matière pathologique, ne devait pas manquer de piquant.

Pasteur commença par rappeler ses travaux antérieurs, notamment ses études sur la bière, et dit en terminant : « La corrélation est certaine, indiscutable, entre la maladie et la présence des organismes. » Jamais l'Académie n'avait entendu pareille hérésie. Plus tard, dans la note qu'il devait lire à l'Académie de Médecine le 30 avril 1878, Pasteur donnera la théorie de la contagion par le microbe... « Des germes d'organismes microscopiques abondent à la surface de tous les objets, dans l'atmosphère et dans les eaux. » Ce premier point étant établi, il n'y avait plus à y revenir. Pasteur passait ensuite aux anaérobies : il exposait la difficulté qui l'avait arrêté pendant quelque temps et dont, comme on l'a vu précédemment pour la fermentation, il avait fini par triompher.

Le problème était ardu en effet ; Pasteur le formule avec une netteté parfaite : « Si l'oxygène détruit les vibrions, continuait la note, comment la septicémie peut-elle exister, puisque l'air atmosphérique est partout présent ? Comment accorder ces faits avec la théorie des germes ? Comment du sang exposé au contact de l'air peut-il devenir septique par les poussières que l'air renferme ? »

Pasteur rappelait alors les expériences dans lesquelles il avait vu les anaérobies mourir à la surface du liquide, y former une pellicule, un voile protecteur. Mais, au fond du liquide, « les vibrions, protégés contre l'action de l'oxygène par leurs frères qui périssent au-dessus d'eux, continuent à se multiplier par scission [1] ; puis, peu à peu, ils passent à l'état de corpuscules-germes, avec résorption du restant du corps du vibrion-filiforme. Alors, à la place des fils mouvants de toutes dimensions linéaires, dont la longueur dépasse souvent le champ du microscope, on ne voit qu'une poussière de points brillants, isolés, ou enveloppés d'une gangue amorphe, à peine visible. Et voilà formée, vivante de la vie latente des germes, ne craignant plus l'action destructive de l'oxygène, voilà, dis-je, formée la poussière septique, et nous sommes armés pour l'intelligence de ce qui tout à l'heure nous paraissait si obscur; nous pouvons comprendre l'ensemencement des liquides putrescibles par les poussières de l'atmosphère, nous pouvons comprendre la permanence des maladies putrides à la surface de la terre... C'est la preuve que, pour un certain nombre de maladies, il faut abandonner à tout jamais les idées de virulence spontanée, les idées de contage et d'éléments infectieux naissant tout à coup dans le corps de l'homme et des animaux, et propres à donner origine à des maladies qui vont

1. Les bâtonnets filiformes se divisent en fragments vivants : c'est la reproduction par scissiparité.

se propager ensuite, sous des formes cependant identiques à elles-mêmes... »

Pasteur expliquait après cela comment, en fait, la contagion se propage : « ....cette eau, cette éponge, cette charpie avec lesquelles vous lavez ou vous recouvrez une plaie y déposent des germes qui, vous le voyez, ont une facilité extrême de propagation dans les tissus, et qui entraîneraient infailliblement la mort des opérés dans un temps très court, si la vie, dans ces membres, ne s'opposait à la multiplication de ces germes... »

Suivaient des conseils sur la manière de procéder et qui constituent proprement la méthode antiseptique.

L'antisepsie.

Alphonse Guérin, chirurgien de l'Hôtel-Dieu, éclairé par les travaux de Pasteur, avait peut-être eu, le premier, l'intuition d'une relation entre l'infection purulente et les poussières de l'air.

Dans cette hypothèse, il imagina de filtrer l'air au moyen du pànsementouaté. Après avoir désinfecté la plaie soigneusement, il appliquait des couches de ouate de plus en plus épaisses et comprimait avec des bandes de toile neuve. C'était un véritable empaquetage qui pouvait durer vingt jours au besoin. Plus de cataplasmes, plus de pots de cérat, plus d'éponges et de paquets de charpie faite avec de vieux draps d'hôpitaux.

A vrai dire, la septicémie ne venait pas tant de l'air atmosphérique que des mains, des instruments, des éponges des chirurgiens. L'air est en effet moins peuplé que ne le supposait Pasteur et on s'en préoccupe moins aujourd'hui. La chirurgie actuelle porte surtout son attention sur les liquides et les solides, sur les personnes et sur les choses qui interviennent dans l'opération.

Lister, médecin d'Edimbourg, fut, avec Alphonse Guérin, un des premiers à reconnaître et à pratiquer la méthode antiseptique. Il écrivait à Pasteur à ce sujet en février 1874: « ...Permettez-moi de saisir cette occasion de vous adresser mes plus cordiaux remerciements pour m'avoir, par vos brillantes recherches, démontré la vérité de la théorie des germes de putréfaction et m'avoir donné ainsi le seul principe qui pût mener à bonne fin le système antiseptique. »

Si l'infatuation n'avait pas été un mal français, à cette époque, nos médecins auraient suivi l'exemple de Lister et rendu ainsi plus de services à leur pays en 1870.

« On tourna en ridicule, a écrit Auguste Reverdin, professeur à la Faculté de Genève, les minutieuses précautions du pansement de Lister, et ceux qui perdaient presque tous leurs opérés en les enfarinant dans des cataplasmes n'avaient pas assez de sarcasmes à lancer contre celui qui leur était si supérieur. »

Ces minutieuses précautions de Lister dont parle Reverdin, c'est le pansement antiseptique, c'est-à-dire la lutte contre l'invasion du microbe, qui, en s'introduisant dans le sang, dispute l'oxygène aux globules rouges, d'où résultent l'empoisonnement du sang, qui devient noir, et l'asphyxie.

Pasteur avait déjà indiqué le moyen de tuer les microbes, lorsqu'il employait un poêle à gaz pour stériliser les vases, tubes, pipettes, dont il se servait pour ses expériences. En appliquant aux opérations chirurgicales des procédés analogues, on fit de l'antisepsie : instruments, éponges, objets nécessaires, tout est stérilisé, purifié, soit au moyen d'une solution d'acide phénique, soit au moyen de l'étuve, soit par le flambage. « Nous avons assisté, disait Sédillot à l'Académie de Médecine, à la conception, à la naissance d'une chirurgie nouvelle, fille de la science et de l'art, qui ne sera pas une des moindres merveilles de notre siècle, et à laquelle les noms de Pasteur et de Lister resteront glorieusement attachés. »

Discussions.

On conçoit combien Pasteur, qui sentait tout le prix de ses découvertes et des bienfaits qui en découlaient, devait se montrer sensible aux attaques ou même aux simples contradictions de ses adversaires.

Il n'admettait pas la résistance du corps médical, qui s'obstinait dans les vieux errements malgré l'éclatante évidence des résultats auxquels il était arrivé.

Mais rien n'est plus difficile que de renoncer à une éducation, à des idées reçues, à des habitudes. L'ancienne médecine était fondée sur des principes opposés à la doctrine pastorienne: pouvait-on admettre qu'un chimiste vînt faire litière de ces principes, enseigner une thérapeutique nouvelle et bouleverser tout un ordre de choses établi?

Les idées de Pasteur, ses découvertes successives, son espoir de vaincre le microbe et les maladies contagieuses furent longtemps considérés comme des utopies par les médecins du temps. On en revenait toujours à la diathèse: « Ce n'est pas la maladie, être abstrait, disait Piorry, qu'il s'agit de traiter, c'est le malade qu'il faut étudier avec le plus grand soin, par tous les moyens physiques, chimiques et cliniques que la science comporte. » Ceci était dit en 1877, c'est-à-dire à une époque où Pasteur était toujours ardemment discuté.

A propos de la fièvre typhoïde il y eut encore, en 1883, un nouveau débat dont les microbes, comme toujours, firent tous les frais. Que de sorties vigoureuses contre le microbe pressenti dans la fièvre typhoïde! « On vise le microbe et on abat le patient, disait un académicien. Il faut opposer une barrière infranchissable à des témérités aventureuses, et soustraire ainsi les malades aux dangers imprévus de cette bourrasque thérapeutique. »

De la fièvre typhoïde le débat en arriva bientôt

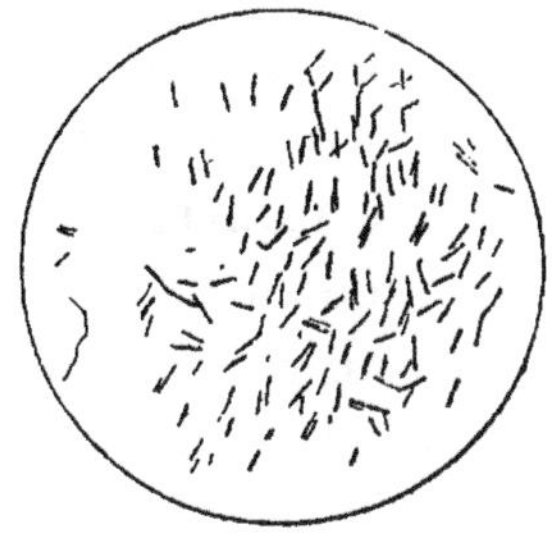

Microbe de la fièvre typhoïde.

au microbe, au rôle pathogénique des infiniment petits, et la querelle reprit de plus belle dans les séances suivantes. Peter conduisait l'attaque. Selon lui la découverte des microbes n'était pas faite pour apporter une grande clarté dans l'étiologie des maladies. C'étaient curiosités d'histoire naturelle, intéressantes peut-être, mais de nul profit pour la médecine. Elles ne valaient ni le temps qu'on y passe ni le bruit qu'on en fait. Il n'y aura rien de changé en médecine, il n'y aura que quelques microbes de plus. « L'excuse de M. Pasteur, ajoutait-il, c'est d'être un chimiste qui a voulu, inspiré par le désir d'être utile, réformer la médecine à laquelle il est étranger..... La victoire restera aux gros bataillons, c'est-à-dire à la vieille médecine. »

La découverte du microbe n'aidera pas à la prophylaxie de la maladie, avait dit Peter. Pasteur pensait autrement. Malgré toutes les résistances, il marchait droit à son but. « Savez-vous pourquoi, écrivait-il à Bastian au moment de la querelle rapportée plus haut, savez-vous pourquoi j'attache un si grand prix à vous vaincre ? C'est que vous êtes un des principaux adeptes d'une doctrine médicale suivant moi funeste au progrès de l'art de guérir, la doctrine de la spontanéité de toutes les maladies. Vous êtes de cette école qui inscrirait volontiers au frontispice de son temple, comme le voulait naguère un des membres de l'Académie de Médecine de Paris : — La maladie est en nous, de nous et par nous. — Tout serait donc spontané en pathologie. Voilà l'erreur préjudiciable, je le répète, au progrès médical ».

Pasteur aurait voulu, comme il le disait lui-même, avoir la santé et les connaissances spéciales nécessaires pour se jeter à corps perdu dans l'étude expérimentale de quelqu'une de nos maladies contagieuses.

Ce vœu, il ne le réalisa pas en médecin, puisqu'il ne l'était pas. Il n'avait pas qualité pour ausculter un malade, pour faire œuvre de clinicien. Mais il possédait, dans son laboratoire, des moyens d'investigation qui valaient mieux, d'autant plus que son esprit n'avait pas reçu le pli professionnel du médecin. Il n'avait pas d'œillères.

On lui devait déjà l'antisepsie, c'est-à-dire une méthode pour éviter la gangrène et la pourriture consécutives aux plaies. Il y ajouta bientôt la vaccination contre les maladies virulentes et transmissibles, uniquement dues à des micro-organismes.

La lutte contre les maladies contagieuses devint bientôt pour Pasteur la question capitale. Quel service rendu à la médecine, à l'humanité, si l'on arrivait à découvrir le vaccin des maladies microbiennes !

Pasteur avait commencé par les animaux.

Avec la bactérie charbonneuse, il avait obtenu des cultures variées, qui constituaient autant de virus atténués, de vaccins à des degrés divers. Le succès répondit complètement à son attente et à ses prévisions[1]. Mais que de luttes encore !

Toussaint, professeur à Toulouse, Jules Guérin, qui, à l'Académie, ne demandait qu'à « tomber Pasteur », élevèrent des chicanes sur la vaccination.

Malgré tous les efforts de ses amis, de Bouley en particulier, qui s'efforçait de le calmer, Pasteur, de plus en plus belliqueux, repoussait toutes les attaques avec sa rudesse ordinaire. « Nous serons deux

1. Voir page 46.

désormais en présence, faisait-il au sujet de Guérin, et nous verrons lequel des deux sortira éclopé et meurtri de cette lutte ! » Guérin fut si maltraité que, nous le savons, malgré ses quatre-vingts ans, il envoya ses témoins à Pasteur.

La vivacité de Pasteur, harcelé de tous côtés, s'expliquait et s'excusait facilement. Lucas-Championnière, dans le *Journal de Médecine et de Chirurgie,* avait pu écrire avec raison : « Pour notre part, nous admirons la mansuétude de Pasteur, que l'on représente toujours comme violent et prêt à partir en guerre. Voilà un savant qui fait de temps à autre des communications courtes, substantielles, extrêmement intéressantes. Il n'est pas médecin et, guidé par son génie, il trace des voies nouvelles au milieu des études les plus ardues de la science médicale. Au lieu de rencontrer le tribut d'attention et d'admiration qu'il mérite, il rencontre une opposition forcenée et quelques individualités de naturel querelleur, toujours disposées à démolir après avoir écouté le moins possible. S'il use d'une expression scientifique que tout le monde ne comprend pas, ou qu'il emploie quelque expression médicale un peu incorrectement, alors se dresse devant lui le spectre de discours infinis, destinés à lui démontrer que tout était pour le mieux dans la science médicale, avant qu'on lui eût ajouté les études précises et apporté les ressources de la chimie et de l'expérimentation... »

La découverte du microbe de la rage et le traitement antirabique qui en fut la conséquence soulevèrent encore d'âpres discussions au sein de l'Académie de Médecine. C'est encore Peter qui se chargea de dire son fait à Pasteur. Selon lui, la médication antirabique était inefficace et même dangereuse. (Janvier 1887.)

Pasteur, malade, n'était pas là pour répondre, mais d'autres le firent pour lui, et ses champions s'appelaient Dujardin-Beaumetz, Chauveau, Verneuil, Grancher, Brouardel et Vulpian, pour ne citer que ceux-là. « La série des recherches, dit ce dernier, qui ont conduit Pasteur à cette découverte est en tout point admirable... Ce nouveau service vient s'ajouter à tous ceux que notre illustre Pasteur a déjà rendus à l'humanité. L'éclat que ses travaux ont jeté sur notre pays est incomparable et maintient la science française au premier rang... Nos travaux et nos noms seront depuis longtemps ensevelis sous la marée montante de l'oubli ; le nom et les travaux de Pasteur resplendiront encore et sur des hauteurs si élevées qu'elles ne seront jamais atteintes par ce triste flot. »

A l'inauguration du monument que la Brie reconnaissante a élevé à Pasteur dans la ville de Melun, en 1897, Nocard, a, dans un raccourci saisissant, admirablement mis en lumière l'œuvre de Pasteur :

« L'intervention de Pasteur dans les choses de la médecine, dit-il, remonte à 1876, il y a vingt ans à peine : elle y a provoqué un tel bouleversement que rien de comparable ne s'y était produit depuis vingt siècles, et ce bouleversement a été si bienfaisant et si fécond que, en ces vingt ans, la médecine a fait plus de progrès qu'elle n'en avait peut-être jamais fait.

« L'étiologie, l'hygiène, la police sanitaire entièrement renouvelées ; — la pourriture d'hôpital, la septicémie gangréneuse, l'infection purulente, la fièvre puerpérale bannies des hôpitaux dont elles étaient la terreur et la honte ; — la chirurgie dotée d'une telle sécurité qu'elle peut désormais se permettre toutes les audaces ; — la prophylaxie des maladies infectieuses fondée sur la merveilleuse découverte de l'atténuation du virus et de la vaccination par les virus atténués ; — le troublant mystère de l'immunité presque entièrement dévoilé ; — le sérum des animaux immunisés appliqué, avec quel succès ! au traitement des maladies les plus redoutables. Tout cet incomparable mouvement scientifique procède de Pasteur, et nous ne sommes qu'à l'aurore de l'ère nouvelle à laquelle l'histoire conservera son nom [1]. »

1. Moins de dix ans après Pasteur, on pouvait estimer que l'emploi des vaccins avait abaissé la mortalité, pour le charbon des bovidés : de 5 % à 1 1/3 % ; pour celui des moutons : de 10 % à 1 % ; pour le rouget des porcs de 20 % à 1 1/2 %. Les bénéfices pour l'agriculture française atteignent certainement, à l'heure actuelle, une vingtaine de millions. (*Institut Pasteur et ses annexes*. Paris, chez Narcisse Faucon, 47, rue Saint-André-des-Arts.)

Un des derniers vœux de Pasteur, quand il sentit ses forces l'abandonner, avait été de laisser des élèves pour suivre sa méthode et continuer son œuvre. Son vœu fut exaucé.

La médecine vétérinaire n'a pas cessé, pour sa part, de creuser le sillon tracé par Pasteur. Des expériences comparatives faites à Pouilly-le-Fort, à l'instigation de Chauveau, ont démontré que le virus charbonneux soumis à l'action de l'oxygène comprimé se transforme en vaccin.

Des expériences répétées ont eu lieu également sur la péripneumonie, dont Nocard a finalement découvert le bacille ; celui-ci est employé comme vaccin. La péripneumonie est d'ailleurs devenue très rare. Le professeur Galtier, de l'École vétérinaire de Lyon, hyperimmunise des moutons contre le double charbon symptomatique et bactéridien, et le sérum prélevé sur ces moutons vaccine contre les deux charbons, bien que les deux maladies soient différentes, comme Pasteur l'a fait voir.

Galtier et Leclanche emploient avec succès la sérothérapie pour immuniser les animaux notamment contre la clavelée et le rouget.

Enfin on s'efforce de vérifier les méthodes d'immunisation préconisées d'une part par Behring et d'autre part par Lignères contre la tuberculose bovine.

A Melun, en novembre 1905, le docteur Vallé, professeur à l'École d'Alfort, au cours d'une contérence, a parlé des expériences qu'il a tentées en inoculant le bovovaccin de Behring à des bœufs. Sur 40 bœufs, une partie avaient été vaccinés, puis soumis à l'injection tuberculeuse. Tous ces bœufs autopsiés ont été reconnus sans aucune lésion tuberculeuse. Au contraire des bœufs non vaccinés et soumis à l'injection tuberculeuse, les uns sont morts tuberculeux, les autres, autopsiés, ont révélé des lésions tuberculeuses très profondes.

Le bovovaccin de Behring protège donc les bœufs contre la tuberculose. La première des affirmations de Behring se trouve vérifiée en France : la tuberculose des bovidés est vaincue. Ce résultat est fécond en conséquences : si l'on vaccine désormais les vaches, le danger de contagion par le lait n'existera plus. C'est un grand pas de fait vers la guérison de la tuberculose humaine.

En médecine on continue, à l'Institut Pasteur et ailleurs, à marcher sur les traces du Maître. Après Duclaux, mort aujourd'hui, Roux, Metchnikoff poursuivent l'application de la méthode pastorienne et multiplient les recherches. La doctrine microbienne règne maintenant dans toutes les cliniques, elle inspire les études et les travaux de tous les chercheurs, elle augmente de jour en jour les moyens de défense contre la maladie.

On s'ingénie à trouver un remède contre le cancer, la tuberculose et, en général, contre les affections les plus graves parmi celles qui affligent l'espèce humaine. On fait de la médecine préventive en développant les principes de l'hygiène et en propageant les procédés de prophylaxie. Des progrès nombreux et incontestables ont été accomplis dans ce sens.

Le rôle du médecin, contrairement à ce que

Lit hygiénique.

Lit antihygiénique.

Hygiène de la chambre à coucher.

pouvait penser Pidoux il y a un demi-siècle, s'est étendu et élevé tout à la fois ; il est devenu plus tutélaire : le médecin ne guérit pas seulement le mal, il le prévient, grâce à des mesures prophylactiques qui se généralisent de plus en plus.

Aujourd'hui la pratique de l'antisepsie est générale. Autant les médecins, il y a trente-cinq ans, se montraient sceptiques ou réfractaires à l'égard des nouvelles théories, autant ceux du temps présent sont de fervents adeptes de la méthode pastorienne.

On pourrait dire des médecins actuels ce que Duruy disait du clergé catholique à la fin du second Empire : « Sous Louis XIV, il n'y avait pas un seul prêtre ultramontain ; aujourd'hui on ne trouverait pas un seul prêtre gallican. »

Un médecin qui, à notre époque, traiterait à la légère la spécificité des maladies infectieuses, l'intoxication microbienne, l'antisepsie, l'inoculation, paraîtrait appartenir à un autre âge. Cette remarque est tout à l'honneur du corps médical actuel. Il convient de lui rendre ce témoignage qui est sans réserves.

D'autre part les villes se préoccupent de réaliser des améliorations matérielles qui intéressent au plus haut point la santé publique. Partout on fait la chasse au microbe, soit en procurant aux agglomérations des eaux protégées contre la contamination, soit en prenant, pour les voies publiques, les usines, les habitations, des mesures d'assainissement.

L'aménagement de nos appartements, l'ameublement se transforment comme tout le reste. L'impulsion donnée par le Touring Club de France commence à être suivie aussi bien dans les demeures privées que dans les hôtels de voyageurs. On cherche à réaliser la chambre hygiénique. On a pu voir, dans diverses expositions, l'aménagement nouveau, conforme aux règles de l'hygiène, à côté de l'ancienne chambre à coucher, aux tentures lourdes et nombreuses, réceptacles à microbes et perpétuelle menace pour la santé.

Mais il est de toute nécessité que, de leur côté, les populations se laissent gagner et convaincre; que l'on cesse de plaisanter avec les règles de l'hygiène; que l'on renonce à certains préjugés, à certaines phrases toutes faites qui faussent l'esprit public et entretiennent la défiance chez les simples et les ignorants, dans les campagnes et aussi parmi les populations urbaines, à l'égard des médecins, de la chirurgie et de l'hygiène.

Mme Bucholz, de Berlin, au dire de Cherbuliez, a bien traduit cette résistance des masses aux prescriptions de plus en plus pressantes des hygiénistes. « Les médecins ayant décidé que l'air était un objet de première nécessité, la bonne chambre devrait, pour des raisons d'hygiène, servir de chambre à coucher, au lieu d'être une chambre à beaux meubles où l'on ne va jamais. » Et Mme Bucholz de s'écrier à ce propos : « Encore un changement déraisonnable ! Autrefois on se portait bien sans hygiène ! »

Mme Bucholz a toutefois un peu raison : si le microbe est un fléau, la peur du microbe en est un autre, et il serait triste de passer sa vie à la défendre contre un danger qui n'est visible qu'au microscope.

Il faut donc prendre garde de tomber d'un excès

dans l'autre et se contenter d'être raisonnable.

Mais l'état d'esprit traduit par la remarque de Mme Bucholz n'en est pas moins fâcheux : il favorise encore, dans les masses urbaines, à l'égard de la médecine, de la chirurgie et de l'hygiène, trop de négligences, trop de défaillances chez ceux pour qui le soin de veiller sur la santé publique devrait être le premier des soucis et des devoirs. Beaucoup de progrès restent à réaliser, même là où l'on a pris l'avance. L'ignorance, la routine, l'indifférence, des préoccupations mesquines parfois font passer souvent au dernier plan des intérêts de premier ordre, ce qui est infiniment regrettable.

C'est un devoir pour ceux qui comprennent, qui savent, d'éveiller l'attention des autres, de faire entrer dans les esprits des notions simples, précises et nécessaires d'hygiène et de salubrité. Les médecins ne suffisent pas à tout et le progrès ne viendra que d'un pas boiteux, tant que la lumière projetée par Pasteur sur les choses de la médecine ne brillera pas pour tous les yeux.

QUATRIÈME PARTIE

L'Institut Pasteur

Fondation. — On a vu dans quelles conditions matérielles défectueuses Pasteur avait dû commencer ses travaux. Un espace étroitement mesuré, dans un grenier de l'École Normale, constitua le premier laboratoire du savant qui devait être une des gloires de son siècle. Il semblerait que, comme l'épopée, de pareilles carrières doivent débuter modestement.

Après la découverte du vaccin contre la rage, les malades affluèrent au laboratoire de Pasteur — ce n'était plus le grenier — et l'on fut bien obligé de s'apercevoir que l'on manquait de place. L'Académie des Sciences, par une initiative qui l'honore et qui est la rançon des luttes passées, provoqua une souscription publique destinée à la fondation d'un établissement qui, par ses dimensions et l'installation de ses services, pourrait répondre à tous les besoins. La souscription bénéficia de l'admiration que les travaux de Pasteur avaient suscitée partout, à l'étranger comme en France: les sommes recueillies s'élevèrent rapidement au chiffre de deux millions et demi. On consacra un million et demi à l'achat des terrains[1], aux constructions et aux installations matérielles. Le million restant était réservé pour la dotation des différents services.

L'inauguration eut lieu le 18 novembre 1888.

Bientôt l'Institut se trouva insuffisant. L'application de la sérothérapie à la diphtérie augmenta le travail tant par l'affluence des malades que par la fabrication de plus en plus considérable du sérum. Il fallut se préoccuper d'agrandir l'établissement au moyen d'une nouvelle souscription qui produisit environ un million. Cette somme permit d'installer à Garches, avec le concours de l'Etat, des écuries pour les chevaux destinés à fournir le sérum antidiphtérique.

L'établissement de Garches a multiplié ses installations pour le logement des animaux nécessaires aux besoins de l'Institut, tant pour les diverses expériences que pour la production du sérum antidiphtérique, et le modeste et insouciant cobaye voisine avec le cheval, qui n'a jamais mieux mérité que dans cette nouvelle fonction d'être appelé « la plus noble conquête que l'homme ait jamais faite. »

Outre la souscription, des dons affluèrent, dont un, dû à une généreuse anonyme, devait per-

1. Quartier de Vaugirard, à Paris.

Un des bâtiments de l'établissement de Garches : au premier étage, les laboratoires de Pasteur, des docteurs Roux et Chantemesse ; au-dessous, les loges des cobayes destinés aux expériences.

mettre de fonder un hôpital en face de l'Institut même, et de bâtir sur le reste du terrain, grâce à une autre donatrice, un Institut de chimie physiologique. Cette dernière création, en même temps qu'elle dégageait l'ancien Institut, permettait d'affecter exclusivement ce dernier à la physiologie et à la pathologie, qui correspondent plus particulièrement pour la masse, peu propre à pénétrer et à juger le travail du laboratoire, à ce qui est l'œuvre de Pasteur. Si les recherches de Pasteur en chimie ont eu en effet le don d'agiter les Académies, le public est resté surtout frappé des résultats obtenus dans les applications sensationnelles des découvertes pastoriennes aux maladies de l'homme.

Bâtiments. — On peut donc se faire dès maintenant une idée exacte des divers organes de l'Institut Pasteur.

C'est d'abord l'Institut lui-même, consacré aujourd'hui aux études physiologiques et pathologiques ; c'est ensuite le bâtiment affecté à la chimie et à la biologie ; puis l'établissement de Garches qui fournit le sérum antidiphtérique ; enfin l'hôpital où se fait l'application à la thérapeutique de toutes les découvertes sorties des laboratoires précédents.

L'Institut Pasteur proprement dit se compose de deux bâtiments parallèles à la rue Dutot, réunis

Institut Pasteur, à Paris.

par un troisième, placé perpendiculairement dans l'axe des deux premiers. Dans le bâtiment qui fait face à la rue se voient l'ancien logement de Pasteur et une vaste bibliothèque, dont le fonds a été fourni par la bibliothèque même de Pasteur, à laquelle est venue s'ajouter celle d'un membre de l'Institut, M. Reiset.

Dans le second bâtiment, auquel on accède par une large galerie, on trouve, dans l'aile droite, le service de la rage. Là les malades sont reçus, examinés, inscrits, avec tous les détails relatifs à leurs morsures. Ils passent de là dans la salle des inoculations. Les femmes et les enfants sont traités dans une salle à part. Tout à côté est la salle de préparation des moelles ; la température y est maintenue constamment à 23 degrés et l'obscurité est à peu près complète. Sur des étagères sont conservées des moelles de lapin qui servent à la préparation des vaccins antirabiques. Dans l'aile gauche sont aménagés : une salle de conférence, un laboratoire pour la préparation des bouillons de culture, une salle pour la photographie des micro-organismes, une salle pour la dissection des grands animaux, enfin deux salles affectées à la microbiologie agricole.

Le premier étage est entièrement consacré aux travaux pratiques et aux cours de microbie technique, avec une vaste salle de travail à grandes baies très ingénieusement aménagée. Ce premier étage est le domaine du docteur Roux, qui en est le directeur. Le second étage est divisé en un grand nombre de petits laboratoires, avec un grand laboratoire commun. Des travailleurs étrangers à la maison peuvent y être agréés temporairement par les chefs de service. Le docteur Metchnikoff règne

Cobayes en traitement.

sur l'aile droite ; l'aile gauche est placée sous le condominium des trois maîtres : MM. Roux, Chamberland et Metchnikoff.

Derrière ce groupe de bâtiments sont des annexes, parmi lesquelles on remarque, avec son campanile, l'hôpital des animaux d'expériences, comme les lapins et les cobayes, destinés à la vivisection. Ces animaux sont placés dans des cages de fer élevées sur des tréteaux et d'un nettoyage facile.

A l'étage a été installé le service des virus et de

la toxine de la peste. Le contrôle en est exercé par le docteur Roux.

D'autres annexes sont affectées aux grands animaux, aux chiens, aux poules, oies et pigeons, qui partagent le sort des lapins et des cochons d'Inde. Il n'est pas nécessaire d'ajouter que toutes les précautions sont prises et que les opérations et expériences s'effectuent sans danger pour les travailleurs. Quant à la vivisection, qui a ému tant d'âmes sensibles à l'époque de Paul Bert notamment, il faut en prendre son parti dans l'intérêt de la science et de l'humanité. D'ailleurs les opérations ne sont pas ordinairement bien terribles, même en cas de trépanation[1].

Laboratoires. — Toute l'œuvre de Pasteur est sortie du laboratoire : le laboratoire devait donc tenir une grande place dans l'Institut Pasteur, qui a précisément pour mission de poursuivre l'œuvre commencée par le Maître, en appliquant sa méthode. L'Institut possède en effet un laboratoire de chimie physiologique, un laboratoire de chimie biologique (c'est le laboratoire Duclaux), un laboratoire pour les hautes études, un laboratoire pour les fermentations, enfin un laboratoire pour la chimie agricole.

Le laboratoire de chimie physiologique a pour objet d'arriver à séparer des sérums, des toxines

1. Voir page 89.

et anti toxines, les autres substances qui peuvent en contrarier l'action, en gêner l'efficacité. C'est une tâche difficile et qui exige une manipulation considérable, à cause des quantités infinitésimales de substances actives fournies par les microbes.

Au laboratoire de Duclaux on se livre à l'analyse des produits physiologiques et pathologiques (tels que crachats, urines). Mais on y fait surtout de l'enseignement au profit de jeunes pharmaciens ou de candidats au certificat d'études de chimie biologique.

Le laboratoire des hautes études s'adresse à des gens de goûts et d'aptitudes variées, qui trouvent à l'Institut une direction précieuse. Le personnel de ce laboratoire est disséminé dans les divers services.

Le laboratoire des fermentations vise les industries spéciales qui reposent sur la fermentation : (brasserie, levure, vinification, distillerie, etc...) Il sert à l'enseignement et à la pratique industrielle. On y apprend à faire l'analyse des matières premières ; le microscope y joue un rôle capital. « Les élèves du laboratoire des fermentations apprennent à connaître non seulement la théorie des opérations industrielles, mais encore leur pratique elle-même, car au laboratoire sont adjointes de véritables petites usines en miniature, munies des appareils les plus perfectionnés et permettant de répéter en petit le travail qui se fait en grand dans l'industrie[1]. »

1. *Institut Pasteur*, chez Narcisse Faucon, déjà cité.

Enfin le laboratoire de chimie agricole joue, dans l'ordre végétal, le rôle des laboratoires précédents dans l'ordre animal : il étudie la cellule végétale.

Organisation des services.

Les vaccins. — Le service des vaccins est dirigé par M. Chamberland. Ce service comprend la préparation des vaccins contre le charbon des ruminants, le rouget des porcs, et aussi de la malléine et de la tuberculine.

Les vaccins contre le charbon et le rouget s'obtiennent au moyen de bouillons de culture.

La malléine est extraite des cultures du microbe de la morve; elle donne le moyen de reconnaître la morve chez les animaux qui en sont atteints.

La tuberculine, extraite des cultures tuberculeuses, décèle la tuberculose de l'espèce bovine. La tuberculine ne guérit pas le mal ; seulement, en le révélant, elle permet de supprimer les animaux malades et, avec eux, le danger de contamination pour les animaux sains.

Grâce à ces deux substances on pourra, quand une réglementation précise aura été édictée, voir disparaître ces deux maladies si redoutables, la tuberculose[1] et la morve.

1. On a vu ci-dessus qu'un nouveau progrès était réalisé, grâce à Behring.

Traitement de la rage. — Ce traitement n'est pas préventif, il est curatif et ne s'applique qu'aux personnes mordues. Sa durée est de quinze à vingt et

Chamberland.

un jours suivant les cas. Le vaccin est une émulsion de moelle de lapin. Le nombre des inoculés à l'Institut Pasteur a été d'environ quinze cents par an. La mortalité parmi les personnes mordues s'est abaissée de 15 pour cent à 5 pour mille.

Microbie technique. — Le service de la microbie technique consiste en un cours de deux séries annuelles qui s'adresse surtout aux professionnels de la médecine, français ou étrangers. Ce cours est appuyé sur des exercices pratiques. Le directeur de ce service est le docteur Roux.

Phagocytose. — Le chef de ce service est le docteur Metchnikoff. On ne saurait mieux le caractériser que ne le fait la notice sur l'Institut Pasteur déjà citée plus haut. « C'est là qu'on étudie, dit la notice, la doctrine de la phagocytose[1], que Metchnikoff et ses élèves ont étendue jusqu'à lui demander l'explication des phénomènes de vaccination et d'immunité, non seulement contre les microbes, mais encore contre leurs toxines ou poisons. Ces leucocytes ou phagocytes se sont révélés, dans l'étude de plus en plus précise dont ils ont été l'objet, comme des agents merveilleux de défense, toujours prêts à tout et à toutes les besognes, susceptibles d'éducation, pouvant prendre des habitudes nouvelles et aussi les perdre, se fortifier ou s'affaiblir, devenir agiles ou inertes sous l'influence des médicaments : bref, constituer une armée de défense qu'on peut discipliner et dont le médecin prendra le commandement quand il en connaîtra mieux le mécanisme. C'est ce mécanisme, dont la

1. Voir ci-dessus page 42.

Institut Pasteur, à Lille.

délicatesse est infinie, que Metchnikoff et son école étudient à l'Institut Pasteur. »

Il convient d'ajouter que le docteur Metchnikoff voit arriver à son laboratoire un grand nombre de travailleurs, se livrant à des recherches originales et trouvant tous auprès du chef un utile appui et une direction éclairée.

Service des sérums. — Ce service comprend d'abord l'établissement de Garches, dont les chevaux fournissent le sérum antidiphtérique. Mais d'autres sérums ont été réalisés et sont devenus d'un usage courant en thérapeutique. Tels sont les sérums antitétanique, antistreptococcique, antipesteux et anticholérique. Le sérum antitétanique est employé surtout dans le cas de blessure ou de plaie qui aurait pu être souillée par de la terre ou des matières provenant du cheval. Le sérum antistreptococcique est utilisé dans la fièvre puerpérale en particulier. Les deux derniers sont relatifs à la peste et au choléra. Les sérums s'administrent en injections sous la peau ou dans la veine au moyen de la seringue Pravaz.

L'hôpital. — L'hôpital a été fondé, dans les conditions que l'on connaît, pour le traitement des maladies contagieuses, et en partie pour la sérothérapie de la diphtérie. On y reçoit aussi, quand c'est utile, ceux qui viennent se faire soigner pour la rage. Les précautions les plus minutieuses sont prises, notamment en ce qui concerne les malades qu'il faut isoler : l'architecte a d'ailleurs pourvu à tout dans l'aménagement général. On a eu recours aux cloisons vitrées, qui laissent pénétrer la lumière, celle-ci étant considérée comme un agent de désinfection, et, d'une manière générale, on a adopté toutes les dispositions qui pouvaient rendre facile et effective la désinfection et écarter le risque de contagion.

Filiales. — L'Institut Pasteur ne dépend pas de l'État, c'est-à-dire qu'il n'est pas une institution d'État : fondé par l'initiative privée, il garde son indépendance et il s'en trouve bien.

Des établissements similaires, mais d'importance moindre, se sont déjà établis dans plusieurs régions, surtout pour le traitement antirabique. L'Institut Pasteur qui, dans ses cours, forme des spécialistes, a fourni le personnel à ces filiales. Il y a des Instituts Pasteur à l'étranger comme en France. On peut citer, en s'en tenant aux établissements français, Lille, Montpellier, Constantinople, Tunis, Saint-Louis (Sénégal), Tananarive, Saigon, Nha-Trang (Annam) que dirige le docteur Yersin.

Le Maître. — L'Institut Pasteur est né des travaux de Pasteur et, en particulier, de la découverte du remède contre la rage ; mais il est né aussi et plus directement de la pensée de Pasteur, qui en avait conçu l'organisation et qui a même assigné les rôles à ses collaborateurs.

Le jour de l'inauguration le Maître prononça un mémorable discours, dit M. Louis Passy, « dans lequel il jeta un regard mélancolique sur les amis de la première heure et rappela le nom de ses compagnons disparus : Dumas, Bouley, Paul Bert, Vulpian, puis, comme un général, il reprit la parole et distribua un ordre du jour à ses lieutenants. A Duclaux, que le Ministre avait autorisé à professer la chimie biologique à l'Institut Pasteur, il donna le laboratoire de microbiologie générale ; à Roux l'organisation des cours et des recherches microbiennes dans leur application à la médecine ; à Chamberland la direction du service des vaccins ; au professeur Grancher le service du traitement de la rage, et il termine par ces mots : « La science française se sera efforcée, pour servir l'humanité, de reculer les frontières de la vie ».

L'Institut Pasteur, tout imprégné de la personnalité du Maître, a fait plus que conserver sa mémoire en continuant sa méthode et en développant son œuvre. Il garde aussi religieusement ses restes dans une crypte aménagée dans le sous-sol, où Pasteur repose sous une dalle de granite de Suède.

En outre un buste de Pasteur, d'une facture magistrale, dû au ciseau de Paul Dubois, orne la

Tombeau de Pasteur à l'Institut.

grande bibliothèque du rez-de-chaussée, entouré des bustes des principaux donateurs de l'Institut.

Dans une pieuse pensée encore, on a voulu que Mme Pasteur continuât à occuper, en face de la bibliothèque, le logement de son mari, où elle demeure comme la gardienne de son nom, de son œuvre et de sa tombe.

Enfin Jupille, le Jurassien qui, avec le jeune Alsacien Meister, avait le premier subi le traitement contre la rage, vit également à l'Institut en qualité de concierge. Devant sa loge, un groupe de bronze le représente lui-même luttant contre un chien enragé. On ne pouvait mieux ni avec plus d'à-propos symboliser le grand fait scientifique d'où est sorti l'Institut Pasteur.

TABLE DES MATIÈRES

Pages.

PRÉFACE vi

PREMIÈRE PARTIE

Son origine 1
Sa jeunesse 5
L'œuvre : exposé historique 11
Cristallographie 11
La fermentation 14
La génération spontanée 19
La résistance. 21
Applications des théories de Pasteur. 24
Le vinaigre 24
Le vin. 26
La bière. 26
Le ver à soie. 29
La médecine vétérinaire 33
Le charbon 34
Le microbe. 36
Choléra des poules 39
Vaccination 39
Expériences de Pouilly-le-Fort 42
Après le succès. 46
Le docteur Koch 52
Incident de Turin 53
Le rouget du porc 56
Pasteur et la médecine. 57

Pages
La chirurgie. 59
A l'Académie. 61
La rage 64
Guérison de la rage. 66
Diphtérie et sérothérapie 70
Autres études 73
Dernières années 76

DEUXIÈME PARTIE

L'homme. 81
Le savant 96

TROISIÈME PARTIE

Pasteur et la science 107
La doctrine microbienne 111
La révolution en médecine 120
La contagion. 122
L'antisepsie 125
Discussions 127

QUATRIÈME PARTIE

L'Institut Pasteur. 141
Organisation des services. 150

Bar-le-Duc. — Imprimerie Comte-Jacquet. Facdouel, Dir.

G. HÉBERT

Directeur des exercices physiques dans la Marine

GUIDE PRATIQUE D'ÉDUCATION PHYSIQUE. — Magnifique volume 22/14cm, illustré de 411 gravures . . . . . . 8 fr. »

Le manuel de ceux qui désirent arriver au développement physique complet et harmonieux. S'adresse particulièrement à ceux qui ont déjà un certain acquis. Décrit en détail les *exercices utilitaires indispensables* (marche, course, saut, grimper, lever, lancer, défense et natation) ; étudie également les *exercices élémentaires éducatifs* qui doivent servir de soutien aux exercices essentiels.

Signalons notamment la partie *Natation*, qui constitue l'étude la plus complète parue jusqu'ici sur ce genre d'exercice.

L'ÉDUCATION PHYSIQUE RAISONNÉE. — Volume 24/16cm, illustré de 111 gravures ou photographies. . . . . . 3 fr. »

On analyse d'abord les conditions de l'équilibre physique, puis on indique la méthode à suivre pour y parvenir. Les mouvements décrits ici sont ceux que doivent utiliser les sédentaires comme gymnastique de chambre.

L'ÉDUCATION PHYSIQUE ou l'Entraînement complet par la MÉTHODE NATURELLE. — Volume 25/16cm, illustré de photographies hors texte . . . . 2 fr. »

L'auteur met en parallèle la *méthode naturelle* avec les méthodes existantes ; il souligne les différences fondamentales qui la séparent des autres ; il en prouve la supériorité non par des discours, mais par des détails précis et des chiffres.

Ouvrage indispensable aux professeurs, aux éducateurs, aux officiers instructeurs.

LE CODE DE LA FORCE. — Vol. 18/12cm. . . . 1 fr. 50

La force physique. Ses éléments constitutifs et sa mesure pratique. Caractéristiques de l'aptitude nulle, inférieure, moyenne, supérieure et athlétique. Degré minimum d'aptitude à posséder suivant l'âge. Performances à accomplir, exercices à exécuter. Tables d'épreuves avec performances cotées.

MA LEÇON-TYPE D'ENTRAINEMENT COMPLET ET UTILITAIRE. — Vol. 18/12cm . . . . 1 fr. 75

Demander le prospectus illustré détaillé de ces ouvrages.

LES « BOY SCOUTS »

Par Paul VUIBERT. — Broch. 25/16cm avec 7 photographies hors texte. 2e édition. . . . . 0 fr. 75

Quand on a lu cette jolie brochure, au texte précis et substantiel, aux pittoresques illustrations, on connaît exactement ces *Boy Scouts* qui ont eu à travers le monde une fortune si extraordinaire.

H. VUIBERT (*23e année.*)

ANNUAIRE DE LA JEUNESSE

(*Moyens de s'instruire. — Choix d'une carrière.*)

Un beau volume 18/12cm de 1188 pages, broché . . . . . 3 fr. 50
Relié toile rouge. . . . . 4 fr. 50

L'*Annuaire de la Jeunesse* est appelé à être entre les mains de tous les jeunes gens de dix à vingt-cinq ans et de tous les pères de famille soucieux de l'éducation et de l'avenir de leurs enfants.

Dans la première partie : **Education et Instruction**, on passe en revue tout ce qui a trait à l'instruction des garçons et des filles à tous ses degrés. Le fonctionnement des établissements scolaires de tout ordre y est exposé avec un soin minutieux.

La seconde partie : **Ecoles spéciales**, intéresse surtout les jeunes gens qui se destinent aux écoles où l'on va couronner son instruction ; elle leur montre ce que sont ces écoles, les moyens de s'y préparer, les difficultés des concours, la nature de l'enseignement, les débouchés qui s'offrent à la sortie, etc. Le candidat sait ainsi où il va et peut se rendre compte de ses chances de succès.

H. VUIBERT

LES ANAGLYPHES GÉOMÉTRIQUES

Brochure 25/16cm avec figures en couleurs et le lorgnon sélecteur rouge et vert . . . . 1 fr. 50

Dans cette brochure on expose, avec figures à l'appui, la merveilleuse invention de M. Richard qui, au moyen d'un dessin en deux couleurs et d'écrans colorés, montre avec un relief saisissant les figures de l'espace (géométrie, géométrie descriptive, cristallographie, physique, etc.).

LE DESSIN DE PAYSAGE

étudié d'après nature

Par Hector Guiot, peintre, et J. Pillet, professeur à l'Ecole des Beaux-Arts. — Un album 18/28cm, avec 60 colonnes de texte, 36 figures théoriques, 80 motifs divers et 33 grandes planches d'ensemble, 6e édition, cart. 3 fr. ; relié amateur . . . . 6 fr. »

C'est pour vous, *jeunes gens* ou *jeunes filles* qui voulez dessiner ou peindre d'après nature, que cet ouvrage a été composé.

En quelques leçons, n'eussiez-vous jamais tenu un crayon, vous apprendrez, avec ce livre, l'essentiel en dessin et en perspective, vous saurez, dans l'apparent fouillis d'un paysage, mettre en place lignes et objets. Quelques efforts encore, et vous dessinerez les éléments (arbres, buissons, eaux, chaumières), puis bientôt les accessoires, tels que personnages et animaux.

Dès lors, tout en copiant tour à tour un des paysages qui font suite aux leçons, vous pourrez dessiner d'après nature et rapporter du dehors des études déjà très passables et en tout cas correctes.

www.ingramcontent.com/pod-product-compliance
Ingram Content Group UK Ltd.
Pitfield, Milton Keynes, MK11 3LW, UK
UKHW021146260726
13994UKWH00001B/323